Wolfgang Lechler

# Berge im Wiesental

## Wanderberge im südlichen Schwarzwald

verlag regionalkultur

# Danksagung

An dieser Stelle möchte ich mich besonders bei meiner Frau Sigrid bedanken. Sie begleitete mich bei fast allen Touren und hatte auch sonst viel Geduld mit mir. Kritik an so manchem Foto versuchte ich argumentativ zu widerlegen, doch „musste" ich ihr später meist recht geben.

Herzlich bedanken möchte ich mich auch bei Herrn Christof Zipper. Eine Rohfassung zu lesen und zu korrigieren bzw. zu kommentieren, ist nicht jedermanns Sache. Seine schon. Vielen Dank. Sollten sich doch noch Fehler eingeschlichen haben, sind diese sicher nicht ihm anzulasten.

Außerdem möchte ich mich noch bei den Mitarbeitern des Verlages Regionalkultur, insbesondere bei Frau Andrea Sitzler, für die sehr gute Zusammenarbeit bedanken.

Die Drucklegung dieses Buches wurde unterstützt von:

NaturEnergie von Energiedienst

EVONIK Leading Beyond Chemistry

Feldberg

BELCHENHAUS

# Inhalt



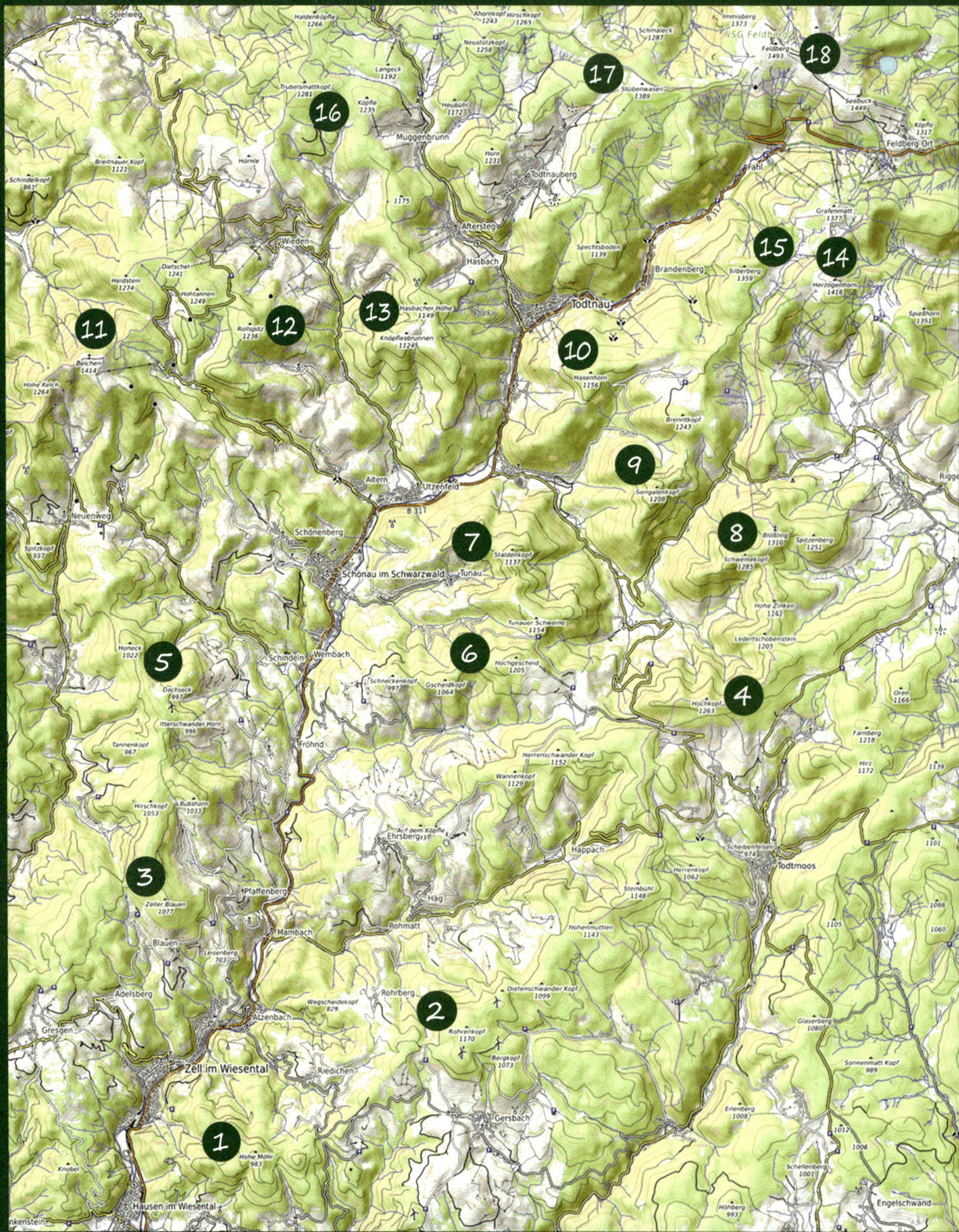

18
17
16
15
14
13
12
11
10
9
8
7
6
5
4
3
2
1
Todtnauberg
Todtnau
Aftersteg
Hasbach
Brandenberg
Muggenbrunn
Wieden
Utzenfeld
Schönenberg
Schönau im Schwarzwald
Tunau
Wembach
Fröhnd
Häg
Pfaffenberg
Mambach
Atzenbach
Rohmatt
Happach
Todtmoos
Zell im Wiesental
Riedichen
Gersbach
Hausen im Wiesental
Adelsberg
Blauen
Neuenweg
Aitern
Feldberg-Ort

# Einstieg

Wie viele Wege es im Wiesental gibt, ist mir nicht bekannt – es sind viele, so viel steht fest. Diese lassen sich zu unzähligen Kombinationen und Varianten verbinden, so dass sich für jeden, der diese wunderschöne Landschaft zu Fuß genießen möchte, vielfältige Möglichkeiten bieten: Premiumwanderwege, Panoramawege, Steige, Spazierwege...

Seit über zwanzig Jahren wohne ich nun im südlichen Schwarzwald, bin also ein Zugezogener. Vielleicht ist es diesem Umstand geschuldet, dass ich die mich umgebene Landschaft als nicht selbstverständlich erachte. Selbst nach so langer Zeit und unzähligen Rad- und Wandertouren fühlt es sich für mich immer noch wie Urlaub an, mich hier auf die Suche zu machen, um neue Wege und Ausblicke zu entdecken.

Das Unterwegs sein in der Natur war schon immer meine Leidenschaft, ob mit dem Fahrrad, dem Kajak oder zu Fuß. Um diese Aktivitäten auszuführen, bietet die bergige Landschaft des Wiesentals ein optimales Terrain. Den Fotoapparat hatte ich bei diesen Aktivitäten eigentlich schon immer dabei, aber eben „nur dabei". Die dabei entstandenen Aufnahmen dienten daher eher dokumentarischen Zwecken. Sicher gelang auch so das eine oder andere gute Foto, es waren aber mehrheitlich Schnappschüsse.

„Ein Berg ist immer so groß, wie er einem erscheint"

Vor einigen Jahren jedoch begann ich mich mehr mit dem Thema Fotografieren zu beschäftigen. Zunächst widmete ich mich hauptsächlich dem Genre „Makro-Fotografie", also den kleinen Dingen am Wegesrand, wie Insekten und Pflanzendetails.

Bei meinen Wanderungen gewann dann das Fotografieren einen immer höheren Stellenwert. Zunächst ging ich noch wandern und fotografierte, dann fotografierte ich beim Wandern und nun gehe ich immer öfter wandern oder fotografieren. Dabei entwickelte sich das Projekt „Berge im Wiesental".

Meine Faszination für die Landschaft des oberen Wiesentals – von Zell bis Feldberg – möchte ich mit meinen Fotografien in diesem Bildband zum Ausdruck bringen. Ich möchte zeigen, dass es keiner künstlichen „Attraktionen" bedarf, um hier ein tolles Erlebnis zu haben. Wie überall schreitet auch hier der Ausbau solcher Einrichtungen fort. Pläne für Hängebrücken, für das Anlegen breiterer Wege, für große Hotelprojekte und für Aussichtsplattformen oder Ähnliches werden ständig diskutiert und

# Dieser Bildband

zeigt eindrucksvoll die Faszination des Autors für die Landschaft des oberen Wiesentals im südlichen Schwarzwald.

Beim Betrachten der bei unzähligen Exkursionen entstandenen Fotografien wird schnell klar, dass man nicht in die Ferne schweifen muss, um ein schönes Naturerlebnis haben zu können.

Im Buch wird die Charakteristik der bedeutendsten Erhebungen beleuchtet und man erfährt manches Wissenswerte nebenher.

Wer die Dimension der Berge im Wiesental selber erleben möchte, kann dies auf den beschriebenen Rundwanderungen tun.

Nutzen Sie die Chance und lernen Sie diesen Teil des südlichen Schwarzwaldes wirklich kennen.

teilweise auch umgesetzt. Die Natur alleine scheint nicht mehr zu reichen. Wobei sie aus meiner Sicht das eigentliche Kapital dieser Region darstellt.

Wer alle die im Buch beschriebenen Wanderungen gemacht hat und dabei mit offenen Augen unterwegs war, kann dies sicher bestätigen. Genießen Sie die wunderschönen Ausblicke, sei es auf den Gipfeln oder auf den Panoramaabschnitten dieser Wanderwege. Daneben lässt sich vieles Weitere entdecken: so z. B. die charakteristischen Hain- und Wetterbuchen, rauschende Wasserfälle oder hohe Felsen und wenn man Glück hat, sieht man Gämsen und vieles mehr.

Der Schwarzwald ist keine Wildnis mehr, sondern eine Kulturlandschaft mit einer beeindruckenden Natur. Es ist für mich völlig unverständlich, wie manche Zeitgenossen mit dieser umgehen. Leider findet man am Wegesrand allzu oft „Fundstücke", die hier nichts verloren haben. Ich kann nur bitten, die Natur mit Respekt zu behandeln, damit sie uns noch lange erhalten bleibt und wir uns alle auch weiterhin daran erfreuen können.

Um die Dimensionen des Wiesentales selbst zu erfahren oder besser gesagt zu erwandern, empfehle ich Ihnen die in diesem Buch beschriebenen Wanderungen zu machen. Bei allen Touren handelt es sich um Rundwege, so dass man wieder zum Ausgangspunkt zurückkommt. Infrastruktur wie Beschilderungen, Grillhütten und Gasthäuser sind reichlich vorhanden. Es ist natürlich möglich, alle diese Gipfel auf kürzeren und gemütlicheren Wegen zu erreichen, mit dem Auto oder dem Bus zum höchstmöglichen Punkt zu fahren. Dann werden die Berge allerdings zu Hügeln und das Erlebnis nimmt entsprechend ab.

Auch in unserer zunehmend digitalen Welt empfehle ich Ihnen, die Touren mit einer Wanderkarte zu planen und Ihren Weg während der Wanderung darauf zu verfolgen. Orientieren Sie sich. Treffen Sie Entscheidungen. Wo ist Süden? Wie heißt der Ort da unten? Wie dieser blau erscheinende Buckel? Wo gibt es vielleicht ein kaltes Bier?

Die beschriebenen Touren verlaufen zumeist auf einfachen, markierten Wegen. Wenn nicht, ist dies im Text erwähnt. Kleidung, Schuhe und Verpflegung sind den Anforderungen der Wanderung und der Witterung entsprechend anzupassen.

Die angegebenen Gehzeiten, Kilometer und Höhenmeter sind Circa-Angaben. 50 Höhenmeter mehr oder weniger sollten hinsichtlich Wanderdauer und körperlicher Fitness keine Rolle spielen. Planen Sie nicht zu knapp und rechnen Sie Zeit für Pausen und zum Genießen ein.

Ich wünsche Ihnen viel Freude beim Lesen, Anschauen und Wandern.

Zell im Wiesental, im August 2021 *Wolfgang Lechler*

Traumpfade

# Die Berge

Wo es Berge gibt, da gibt es auch Täler. Durch eines der größten im südlichen Schwarzwald fließt die Wiese, die am höchsten deutschen Mittelgebirgsgipfel – dem Feldberg – entspringt. Im oberen Teil des Großen Wiesentals hat sie sich tief eingegraben und wird dabei flankiert von etlichen Bergen, die sich über 1000 m über NHN (Normalhöhennull) erheben. Zunächst strömt sie recht zügig nach Süden bis Zell. Hier hat sie die letzte Engstelle passiert und plätschert dann meist ruhig durch eine breite Ebene Richtung Westen, bis sie nach insgesamt 57,8 km bei Basel in den Rhein mündet. Der Name Wiese kommt übrigens von „die Weiße", womit das sprudelnde Wasser eines Wildbaches gemeint ist.

Die Reihenfolge der hier im Buch vorgestellten Berge ist genau umgekehrt der Flussrichtung der Wiese und so bewegen wir uns flussaufwärts von Süden nach Norden.

*„Groß oder Klein ist hier nicht wichtig..."*

Wann ist ein Berg ein Berg? Frei nach Grönemeyer stellte ich mir diese Frage. Nach der Ausgabe des Brockhaus 1837 lautet die Definition für „Berg": „Berge werden im Allgemeinen alle beträchtlichen Erhöhungen der Erdoberfläche, die minderbedeutenden dagegen Hügel oder Anhöhen genannt".

Ob bedeutend oder nicht, ist dabei aus meiner Sicht immer im Kontext zur Umgebung und zur eigenen Verfassung zu sehen und lässt sich sicher nicht nur mit der Angabe der Höhe einordnen. Aber ob Groß oder Klein ist hier nicht wichtig, wohl schon eher, die Schönheit zu erkennen und sich daran zu erfreuen.

Das Wiesental und seine Berge vom Feldberg

# Der Süden

## Von Zell bis Schönau

Hohe Möhr

Rohrenkopf

Zeller Blauen

Hochkopf

Kreuz

Hochgscheid

# 1 Hohe Möhr 983,6 m – Die Wächterin

Die Hohe Möhr ist sozusagen mein Hausberg. Obwohl ich auf der anderen Talseite wohne, ist dies wohl der Gipfel, den ich am häufigsten bestiegen habe. Man begehrt, was man sieht, sagt man. Doch nicht dieser Subjektivität, sondern der Topografie ist es geschuldet, dass gerade dieser Berg den Auftakt in diesem Buch macht.

„Am südlichen Gratausläufer der Hohen Möhr beginnt der Schwarzwald"

Am südlichen Gratausläufer der Hohen Möhr beginnt der Schwarzwald. Das Gestein wechselt hier vom Kalk des Dinkelberges zum Gneis des höchsten Mittelgebirges Deutschlands. Auf allen ihren Seiten hat die Hohe Möhr dabei erstaunlich viele Rücken und Kuppen und so dachte ich schon oft, jetzt müsste ich doch gleich oben sein, aber nein, es folgt noch ein weiterer Aufschwung.

Einer dieser Rücken zieht sich dabei vom Gipfel westseitig hinab bis zum Grendel, dem Eingang ins obere Wiesental, an dessen Fuß die „Schwanenstadt" Zell liegt. Ob Constanze Mozart, die am 5. Januar 1762 hier geboren wurde, jemals die Aussicht von diesem Gipfel genossen hat, weiß ich nicht. Ihr berühmter Mann hat zumindest keine Oper darüber geschrieben.

Dass diese Region bemerkenswert ist, ist jedoch amtlich. So gehört das Zeller Bergland, wie alle im Buch aufgeführten Berge – außer dem Feldberg – , zum 2017 von der UNESCO ausgewiesenen Biosphärenreservat und damit zu einer Region, in der das Zusammenleben von Mensch und Natur beispielhaft entwickelt und erprobt werden soll.

Das finde ich doch ein interessantes Motto fürs Leben, wie auch für dieses Buch: „sich mit der Natur beispielhaft erproben".

Der Westgrat der Hohen Möhr

Blick vom Hohe-Möhr-Turm nach Südwesten

## Die Wanderung

| Ausgangspunkt: | Bahnhof Zell, 440 m NHN |
|---|---|
| Höhenmeter: | 600 m |
| Strecke: | 12,5 km |
| Zeitbedarf: | 4,0 h reine Gehzeit |

Einkehrmöglichkeit:
Gasthaus Bierstübel in Zell, 07625/924801

***Der Aufstieg:*** Die Wanderung beginnt am **Bahnhof in Zell** im Wiesental. Der Startpunkt lässt sich also gut mit der Wiesentalbahn von Basel aus erreichen. Der Zug endet hier. Vom Bahnhof gehen wir zunächst 100 m zum Bahnübergang zurück, überqueren diesen und gehen am **Gasthaus Bierstübel** (sehr gute bürgerliche Küche) vorbei zum **Fußsteg** über die Wiese. Eine Fußgängerampel hilft dabei, unfallfrei auf die andere Seite der Hauptstraße zu gelangen. Nun geht es rechts bis zum Schwarzenauring. Diesem folgen und auf einem kleinen Teerweg steil hinauf zum **Zeller Wildgehege**. Das bereits seit 1971 auf Grund einer Privatinitiative bestehende Wildgehege bietet auf einer Fläche von ca. 3,6 ha Platz für die Wildarten Dam-, Rot- und Schwarzwild.

Der Weg führt uns rechts oberhalb des Wildschweingeheges bis zum Ende des kleinen Tierparks. Ab hier folgen wir dem **Naturlehrpfad**. Nach ein paar Serpentinen kommen wir an der **Steinbankhütte** vorbei und erreichen etwas später die **Raitbacher Höhe** (650 m NHN), auf der eine kleine Hütte mit Grillplatz steht.

Nun gehen wir auf einem breiten Weg aus dem Wald heraus ca. 400 m Richtung Raitbach, bis auf der linken Seite eine gelbe Raute den Abzweig auf einen Wanderweg zur Hohen Möhr anzeigt. Dieser Wanderweg leitet uns bis zum Gipfel der **Hohen Möhr** auf 983,6 m NHN. Der Gipfel wird vom 1894 erbauten Hohe-Möhr-Turm überragt. Da dieser 30 m hoch ist, lässt sich auch auf dem niedrigsten in diesem Buch beschriebenen Berg die Aussicht von über 1000 m genießen. Im Süden die Alpen und im Norden der Schwarzwald. Der knapp danebenstehende Mast der UKW-Sendeanlage des SWR stört dabei kaum. Auf dem Vorplatz gibt es einige Tische und Bänke mit einer schönen Grillstelle und Feuerholz. Also der ideale Platz, um eine ausgedehnte Pause zu machen.

***Der Abstieg:*** Wir gehen den Aufstiegsweg ca. 100 m zurück und biegen dann rechts auf den Westweg (rote Raute) ab. Diesen steigen wir bis zur **Rotruhe** (890 m NHN) hinunter, einem Platz mit kleiner Hütte. Ab hier weiter auf dem ausgeschilderten Wanderweg Richtung Zell (blaue Raute) absteigen. Zunächst kommen wir zur **Steinmannhütte** (800 m NHN). Etwas später führt uns auf ca. 640 m NHN ein mit einem alten Holzschild gekennzeichneter Abzweig links zur „Einsamen Tanne".

An der **Einsamen Tanne**, auch hier ein Grillplatz, gehen wir ein kurzes Stück bergab und dann links zum Aussichtspunkt **Möhrenfelsen**. Jetzt haben wir es fast geschafft. Noch ein paar Kehren abwärts durch den Wald und schließlich zurück nach **Zell** und zum **Bahnhof**.

Die Westseite der Hohen Möhr

Links: Gipfelturm auf der Hohen Möhr

Das Örtchen Gaisbühl im letzten Abendlicht

# 2 Rohrenkopf 1170 m – Der Energieberg

„Es wurde heftig diskutiert und nach schützenswerten Tieren Ausschau gehalten"

Der Rohrenkopf kam vor ein paar Jahren in die Schlagzeilen unserer Lokalpresse. Grund dafür war das Bestreben eines Energieversorgers, auf seinem Bergrücken Windräder für unsere Stromversorgung aufzustellen. Schnell regte sich Widerstand, es wurde heftig diskutiert und nach schützenswerten Tieren Ausschau gehalten. Mir gefällt die Landschaft im Schwarzwald und mir gefällt die Natur und gerade darum finde ich es richtig, auch diese Form der Energiegewinnung in gewissem Maße bei uns zu nutzen und damit einen Beitrag zu leisten. Wie auch immer, sie wurden gebaut und mit ihren 149 m Nabenhöhe sind sie der höchstgelegenste Windpark Deutschlands.

Die beschriebene Wanderung auf diesen Berg beginnt an der Mündung des Angenbaches in Mambach, einem Ortsteil von Zell im Wiesental. Sie ist mit über 21 km die längste in diesem Buch. Zuerst auf der einen Talseite hinauf, dann den Angenbach querend und auf der anderen Seite wieder hinab. Dabei bekommt man einen Eindruck davon, dass dieses kleine Bächlein ein ganz schön großes Tal geschaffen hat. Am Ende seines Weges treibt es den Pochhammer der Alten Schmiede in Mambach an, die 1719 als Huf- und Wagenschmiede begann und heute vom Staudenmaier Schorsch aus Göppingen als Schauschmiede betrieben wird.

Ein weiteres Zeugnis der frühen Aktivitäten im Angenbachtal ist die ehemalige Höhenburg Altenstein. Sie stand auf einem Felssporn (750 m NHN) nördlich vom Dorf Altenstein und wurde im 13. Jahrhundert erbaut. Leider ist heute keine Spur mehr davon zu sehen. Besitzer waren damals die Herren von Stein.

Neben dem Rohrenkopf kann man bei dieser Wanderung noch zwei weitere Gipfel „mitnehmen": den Hohen Muttlen und den Dietenschwander Kopf. Ob das Wort Muttlen wirklich seinen Ursprung vom elsässischen *muttle* hat, was so viel wie „dicke Weibsperson" bedeutet, kann ich nicht belegen.

Blick vom Hasenhorn auf den Rohrenkopf mit seinen Windrädern

Beim Aufstieg nach Häg

## Die Wanderung

| | |
|---|---|
| Ausgangspunkt: | Mambach, 528 m NHN |
| Höhenmeter: | 860 m |
| Strecke: | 21,3 km |
| Zeitbedarf: | 7,0 h reine Gehzeit |

***Der Aufstieg:*** In der Ortsmitte von **Mambach** beginnen wir unsere Wanderung. Auf dem Wanderschild an der Ecke des Parkplatzes steht „6 km bis Häg", unsere erste Etappe. An der Kirche vorbei kommen wir zur Hauptstraße und etwas weiter gehen wir etwa 100 m den Teerweg auf der rechten Seite hoch, bis rechts der schöne schmale Rabenfelsenweg in Serpentinen zu unserem ersten Aussichtpunkt, dem **Rabenfelsen** (550 m NHN), nach oben zieht. Von hier haben wir schon einen guten Blick auf unser Ziel. Vom Rabenfelsen geht der Wanderweg steil weiter, bis wir wieder an den Teerweg gelangen. Jetzt gehen wir diesen rechts weiter, an einer Grillstelle vorbei und wandern bis zum Schild „Schweine" (730 m NHN). Wir biegen rechts nach Häg ab und gehen nun bergab bis zum **Wölflisbrunnen** (640 m NHN) an dem wir links, Richtung Häg, wieder aufsteigen. Nicht den vermeintlich kürzeren Weg rechts nehmen. Wir steigen über einen Wiesenhang bis zum Punkt **Scheuerle** (720 m NHN) hinauf und dann rechts weiter, bis in den Ort **Häg** (690 m NHN).

Hier laufen wir die Dorfstraße rechts bis zu einer Kreuzung hinunter, bis uns ein Schild den Weg nach Altenstein weist. Auf der Teerstraße ohne viel Verkehr kommen wir wieder an einer Grillstelle vorbei, diesmal mit Hütte. Jetzt können wir einen kleinen Abstecher machen. Ein paar Meter weiter geht links ein Waldweg hoch. Nach 50 m zweigt davon rechts ein kleiner Weg ab, der uns über einen Steg zum **Häger Wasserfall** führt. Wieder zurück auf der Teerstraße, kommen wir auf die Talstraße am Angenbach. Diese überqueren wir und sehen auf der anderen Seite ein Holzschild, das uns in das Örtchen Altenstein führt (800 m NHN). Wir gehen durch das Dorf und folgen dem Wanderweg mit gelber Raute bis zum **Altensteiner Kreuz** (1063 m NHN). Jetzt sind wir am Westweg angekommen und haben den größten Teil des Anstieges geschafft. Wer möchte, kann über den unbeschilderten Weg neben dem Kreuz noch den **Hohen Muttlen** (1142 m NHN) mitnehmen. Wir wandern nun den Westweg Richtung Gersbach weiter, also nach Süden.

Kommt das erste Windrad in Sicht, kann man einen weiteren Gipfel besteigen, den **Dietenschwander Kopf** (1099 m NHN). Dazu den Waldweg geradeaus zum Windrad aufsteigen und über den breiten Schotterweg auf der anderen Seite wieder absteigen. Wer nicht auf den Gipfel will, geht auf dem Hauptweg bis zur großen Kreuzung am **Sägbaumdumpf** (1046 m NHN). Hier treffen sich unsere Wege wieder und hier ist auch ein guter Platz für eine Pause.

Wir verlassen nun den Westweg und gehen den Zeller-Ebene-Weg geradeaus und bleiben auf dem Hauptweg, der links um den Rohrenkopf führt. Nach einer Rechtskurve geht rechts ein Schotterweg zum Windrad auf dem **Rohrenkopf** (1170 m NHN). Wer zum eigentlichen Gipfel möchte, kann hinter dem Windrad rechts in ca. 50 m weglos zur kleinen Steinpyramide auf den Gipfel steigen – leider ohne Aussicht.

***Der Abstieg:*** Zuerst gehen wir wieder den Schotterweg bis zum Abzweig hinunter und setzen dann rechts unseren Weg Richtung Gersbach fort. Ohne abzubiegen kommen wir aus dem Wald heraus und sehen links Gersbach und bei guter Sicht vielleicht sogar die Schweizer Alpen vor uns. Hier gehen wir rechts absteigend zum Parkplatz **Schwellen** (1002 m NHN). Nun ca. 200 m den Wanderschildern Richtung Rohrberg folgend weiter. Dann biegen wir rechts ab und gehen durch den Wald, bis wir diesen wieder verlassen und steigen steil auf einem Teerweg nach **Rohrberg** (830 m NHN) ab. Im Ort ein paar Schritte nach rechts bis zum Wegkreuz und dann links aus dem Ort hinaus. An der nächsten Weggabelung nehmen wir den linken Weg und gehen bis zum Wald und in diesen hinein. Auf dem Waldweg steigen wir immer geradeaus ab, bis wir auf einen breiten Weg stoßen. Diesen weiter hinunter, bis rechts ein Waldweg abgeht (nicht die Zeller Bike Tour weiter). Nun immer absteigend bis nach **Mambach** zurück.

Beim Abstieg Richtung Gersbach

Kirche St. Michael in Häg

Rabenfelsen

# 3 Zeller Blauen 1077 m – Der wirklich Blaue

*„Manchmal hat man das Glück, sieht und versteht dann sofort, warum er den Namen Blauen hat“*

Fährt man auf der B317 von Schopfheim Richtung Zell, so macht die Straße einen Bogen und die Fahrtrichtung wechselt von Osten nach Norden. Bei Hausen erhebt sich dann im Hintergrund der Zeller Blauen. Manchmal hat man Glück und sieht und versteht dann sofort, warum er den Namen „Blauen“ hat. Auf seiner Südseite verlaufen mehrere Wege auf verschiedenen Höhenlagen, die sich besonders für einen abendlichen Spaziergang eignen, hat man doch nicht selten einen Blick bis zu den Schweizer Alpen.

Für den Aufstieg ab Zell queren wir zuerst den Osthang, besuchen die 1945 erbaute Kapelle Maria Frieden und kommen oberhalb Pfaffenberg am Weiler Käsern vorbei. Der Ortsname geht zurück auf die Käsezinsen, die früher als Abgabe an das Kloster St. Blasien zu zahlen waren.

Der Berg hat seine imposanteste Seite sicher auf der Südseite, auf der er die Stadt Zell um mehr als 600 m überragt. Hier steigen wir ab, um die schöne Aussicht zu genießen und um uns die Sonne ins Gesicht scheinen zu lassen.

Der Höhenrücken des Zeller Blauen, der nordwärts bis zum Belchen führt, trennt das Kleine vom Großen Wiesental ab. Bei der beschriebenen Wanderung begehen wir diesen Rücken von Wolfsacker bis zum Gipfel des Zeller Blauen. Dabei werden wir von großen Grenzsteinen begleitet, die am Wegesrand stehen.

Einer der Gipfel, die wir überschreiten, ist der Hirschkopf. Unerwartet wird man durch ein steinernes Mahnmal der Gemeinde Kleines Wiesental an die schreckliche Zeit des Nationalsozialismus erinnert. Mitten im Wald, umgeben von unschuldiger Natur, macht es mich betroffen.

Der Gipfel vor den Baumfällarbeiten

Die Südseite

Abstieg nach Zell

## Die Wanderung

***Der Aufstieg:*** Auch diese Wanderung beginnt am **Bahnhof** von Zell. Eine blaue Raute als Wegzeichen leitet uns Richtung Stadtmitte in die Kirchstraße. Links der katholischen **Kirche St. Fridolin** geht es steil den **Blauener Weg** bis zum Ortsrand bergauf (beim Abstieg kommt man hier von links herunter). Ab hier folgen wir dem rechten Weg und der gelben Raute bis zur **Kapelle „Maria Frieden"** (610 m NHN). Dabei queren wir die komplette Ostseite des Zeller Blauen.

Den kurzen Abstecher zur Kapelle sollte man sich nicht entgehen lassen, bietet er doch einen schönen Rastplatz. Nach der Pause geht es wieder 100 m zurück und weiter auf dem „Fußweg nach **Pfaffenberg**". Am **Gasthaus Schlüssel** angekommen, gehen wir rechts zur Dorfmitte, dann links das Sträßchen hinauf, bis es wieder rechts (Punkt 720m NHN) in Richtung Biegematt abgeht. Am Ortsausgang links Richtung Käsern. Nachdem wir drei Drehkreuze passiert haben, gelangen wir auf eine Fahrstraße. Hier kurz links und nach ein paar Schritten wieder rechts (blaue Raute), bis zum Naturdenkmal **Käserner Linde** (871 m NHN).

| | |
|---|---|
| Ausgangspunkt: | Bahnhof Zell, 440 m NHN |
| Höhenmeter: | 736 m |
| Strecke: | 19,6 km |
| Zeitbedarf: | 6,0 h reine Gehzeit |

Einkehrmöglichkeit:
Gasthaus Schlüssel in Pfaffenberg, 07625/375

Wir bleiben dem Weg mit der blauen Raute treu und erreichen oberhalb des Örtchens Käsern einen kleinen Pass und nach kurzem Abstieg den Rastplatz Wolfsacker (950 m NHN) mit Hütte. Jetzt kommt ein wirklich schöner Weg bis zum Gipfel. Dafür gehen wir zurück zur Kreuzung mit dem Schild **Wolfsacker** (953 m NHN) und dann ca. 70 m den Hirschenkopfweg in Richtung Blauener Ebene hinauf. Jetzt biegen wir links auf den mit gelber Raute markierten Weg und wandern auf dem Bergkamm entlang bis zum Gipfel des **Zeller Blauen** mit Gipfelkreuz (1077 m NHN). Etwas unterhalb ragt ein Sendemast aus dem Wald.

***Der Abstieg:*** Vom Gipfel geht es ostseitig ca. 20 m zu ein paar Felsen hinunter, an denen rechts ein steiler Grasweg nach unten führt. Am nächsten Querweg angekommen, biegen wir links ab und gehen weiter bis zu einer Weggabelung. Jetzt folgen wir rechts dem blauen Punkt bis zur **Blauener Ebene**.

Hier gehen wir links am Waldrand entlang bis zum **„Blauen Waldparkplatz"** (830 m NHN). Weiter geht es zunächst mit der gelben Raute bis zur **St. Bernhardshütte** (750 m NHN) und ab dieser wieder mit der blauen Raute zurück nach **Zell**.

Die Südostseite

Kapelle Maria Frieden

Blick von der Hohen Möhr; im Hintergrund der Belchen

Die Ortschaft Gresgen

# 4 Hochkopf 1263 m – Der Grenzberg

Eines der schönsten Nebentäler der Wiese ist sicherlich das Prägtal mit dem Präger Gletscherkessel. In der Würm-Kaltzeit (115 000 bis 10 000 v. CHr.) stießen hier sechs verschiedene Gletscher aufeinander. Es ist kaum zu glauben, dass er mal bis zu 350 m dick gewesen sein soll und damit bis zum Weißenbachsattel gereicht haben könnte. Der Name Präg stammt ursprünglich von dem keltischen Wort *Bregga*, was so viel wie „das Dorf am Bergbach" bedeutet. Wobei heute der Ortskern deutlich oberhalb des Baches liegt.

Am südöstlichen Rand dieses Kessels markiert der Hochkopf die Grenze zwischen den Landkreisen Waldshut und Lörrach. Dieser obere Bereich am Hochkopf, ab dem Weißenbachsattel, wird wegen seines bequemen und kurzen Anstieges oft begangen.

Davor und danach trifft man hingegen kaum jemanden an. So kann man beim Aufstieg durch das Weißenbachtal in Ruhe das Gletscherbecken und die einmündenden Seitentäler studieren.

Und auch der spätere Abstieg am Schweinebächle ist oft eine einsame Angelegenheit, steigt hier eigentlich nur jemand ab, wenn er hier zuvor auch von unten aufgestiegen ist, und das sind nicht viele.

„südöstlicher Grenzpunkt des Präger Gletscherkessels"

Hochkopfturm vom Gletscherkessel

Westweg zum Präger Eck

## Die Wanderung

***Der Aufstieg:*** Gestartet wird am Gemeindehaus in **Präg**, dem größten Ortsteil von Todtnau. Vom Parkplatz gehen wir ein kurzes Stück bis zum Wanderschild „Hochkopf 5,8 km", die Straße hinab. Jetzt folgen wir der gelben Raute (nicht schon vorher beim Holzschild abbiegen) und damit dem Erlenbachweg bis zum Beginn des **Weidelehrpfad**es.

Der schöne Pfad zieht durch die Hintere Kälberwiese bis zur **Grillhütte Kälberweidfelsen** (850 m NHN) hinauf. Ein toller Platz mit Aussicht auf Präg und den ganzen Gletscherkessel. Wir gehen der gelben Raute folgend weiter Richtung Hochkopf, bis zum **Weißenbachsattel** (1080 m NHN). Das hier stehende **Hochkopfhaus Zum Auerhahn** bietet uns eine willkommene Einkehrmöglichkeit. Der einzige Nachteil hierbei ist wohl die direkt daran vorbeiführende Straße und die damit verbundene Geräuschkulisse. Nur bei Regen und unter der Woche ist es hier ruhiger.

Ab hier folgen wir zunächst dem Westweg, bis wir eine Abzweigung mit großem Holzkreuz und einer Bank erreichen. Hier geht es links zum Gipfel des **Hochkopfs** (1265 m NHN, 2h). Auf diesem steht ein kleiner, mit Schindeln verkleideter **Aussichtsturm**, der uns eine herrliche Aussicht auf die umliegenden Berge und Täler bietet.

***Der Abstieg:*** Zunächst gehen wir den Aufstiegsweg zurück, bis wir wieder auf den **Westweg** (Bank, Kreuz) treffen. Auf diesem, mit einer roten Raute gekennzeichneten Weg gehen wir in leichtem Auf- und Ab durch eine wunderschöne Mittelgebirgslandschaft, bis kurz vor das Präger Eck weiter. Auf halber Strecke hierher ist noch das **Felsenbänkli** (1200 m NHN) zu erwähnen, wo wir bei bester Aussicht eine kleine Pause einlegen können.

Sind wir an der Kreuzung kurz vor dem Präger Eck angekommen (1080 m NHN, rechts zum Präger Eck), gehen wir links dem **Schweinebächle** folgend, bis zum Forstweg bergab. Hier gehen wir ein paar Meter nach links, bis uns ein Schild mit der Aufschrift „Präg, Forstweg" den richtigen Weg weist.

Hält man die Augen beim Abstieg offen, kann man noch einen schönen Wasserfall entdecken, der vom Bächlein „Hinter Wildbodenbächle" gespeist wird. Ansonsten geht es auf einem breiten Forstweg gemütlich bis zum Ausgangspunkt in **Präg** zurück immer weiter bergab.

| | |
|---|---|
| Ausgangspunkt: | Gemeindehaus Präg<br>700 m NHN |
| Höhenmeter: | 600 m |
| Strecke: | 13,5 km |
| Zeitbedarf: | 4,5 h reine Gehzeit |
| Einkehrmöglichkeit:<br>Hochkopfhaus Zum Auerhahn,<br>07674/437 | |

Der schöne Gipfelturm

Grillplatz Kälberweidfelsen

Hochkopf beim Aufstieg zum Knöpflesbrunnen

# 5 Kreuz 1035 m – Versteckter Traumplatz

„Das erste Mal kam ich hier eher zufällig vorbei."

Abseits der Hauptwege lassen sich wirklich schöne Traumplätze entdecken, so zum Beispiel eine Hangwiese mit einem Holzkreuz an ihrem oberen Ende. Von einer Bank kann man von hier die Südseite des Belchens betrachten. Bei einer Mountainbike-Tour habe ich diesen Platz zufällig entdeckt, als ich wissen wollte, wohin wohl der Weg über das Windrad hinaus noch führt. Also fuhr ich etwas weiter, und es hat sich gelohnt.

Der Aufstieg führt im mittleren Abschnitt durch einen schönen Hang, der im Winter als Skipiste genutzt wird. Durch das immer wärmer werdende Klima ist Skifahren aber auch hier immer seltener möglich. Während der drei anderen Jahreszeiten sieht man hier eindrücklich, warum das *Biosphärengebiet* Schwarzwald zum Landschaftstyp „grünlandreiche Waldlandschaft" zählt.

Ich schaue mir gerne Karten an. Ich meine hier jetzt keine Ansichtskarten, obwohl ich mich über diese auch freue, wenn ich welche bekomme, sondern Landkarten. Und dabei finde ich topographische Wanderkarten am interessantesten.

Einen faszinierenden Aspekt dabei finde ich das Lesen der dort festgehaltenen Namen und das Rätseln darüber, woher diese wohl kommen. Die Namen verraten dabei oft viel über frühere Besitzverhältnisse oder charakteristische Landschaftsmerkmale. Ich finde es erstaunlich, dass neben den Dörfern und Weilern wirklich fast alles eine Bezeichnung hat. Sei es nun ein Wald, ein kleiner Bach oder eine Erhebung.

Was allerdings der Name „Mutiger Bühl" eines kleinen Hügels, den man beim Aufstieg zum Kreuz passiert, genau bedeutet, habe ich noch nicht erfahren können (evtl. Bühl für Hügel und Mutung von Bodenschatzsuche).

Blick vom Belchen mit Kreuz, Hohe Möhr und Zeller Blauen

Der Ski-Hang von Fröhnd hat noch weitere Liebhaber

## Die Wanderung

***Der Aufstieg:*** Direkt am Ufer der Wiese liegt das Örtchen **Unterkastel**, eine der neun Teilgemeinden von Fröhnd. Am Ortseingang starten wir von einem kleinen Parkplatz direkt nach der Brücke und folgen der gelben Raute hinauf zum Dorf **Ittenschwand** und dann weiter Richtung Hof. Wenn wir oberhalb von Ittenschwand das Teersträßchen wieder erreicht haben, gehen wir auf diesem bis zum Parkplatz **Tannenboden** mit großem Grillplatz (720 m NHN). Ab hier wandern wir dem Schild „Windräder" folgend zunächst wieder auf einem Teerweg, dann auf einem Waldweg weiter. Wenn wir das Ende des **Dachsgrabens** erreicht haben, geht es links. Immer noch dem Schild „Windräder" nach.

Auf dem oberen Dachsgrabenweg angekommen, stoßen wir auf einen Querweg, von dem man 100 m links das Windrad sieht. Es waren einmal 2 Windräder, von denen eines den erwarteten Ertrag nicht brachte, weshalb es wieder abgebaut und verkauft wurde. Wir gehen aber auf schlechtem Weg geradeaus durch den Wald, bis wir am höchsten Punkt einer großen Lichtung ein **Kreuz** und gemütliche Aussichtsbänke sehen (1035 m NHN, ca. 1,5 h vom Tal).

***Der Abstieg:*** Für den Weiterweg gehen wir 30 m zurück, um dann rechts im Wald dem Weg mit den Grenzsteinen zu folgen. Es geht am Windrad vorbei geradeaus weiter, bis eine Art Sattel erreicht ist. Hier steigen wir rechts hinunter zum **Hörnlesbrunnen** (980 m NHN) und folgen jetzt der blauen Raute Richtung Belchen weiter.

Wenn der Wanderweg wieder auf den Forstweg trifft, geht es rechts hinauf zum **Honeck** (1022 m NHN). Hier ist ein kurzer Abstecher für „Gipfelsammler" möglich, doch leider hat man vom Honeck keine Aussicht.

Ansonsten folgt man weiterhin der blauen Raute bis zu einem Abzweig mit vielen Schildern. Hier gehen wir nicht dem Schild Hoheck/Zeiger hinterher, sondern bleiben rechts auf dem oberen **Steinrüteweg**, bis wieder eine markante Kreuzung erreicht ist. Hier steigen wir links bergab und gehen dann immer dem Schild „Hof" nach.

Auf der Zeigerstraße kommen wir am Naturdenkmal **Kammfichte** vorbei (830 m NHN). Ein kurzes Stück später passieren wir den **Habrüttebühl** mit einer sehr schönen Grillhütte (800 m NHN).

Weiter geht es bergab, zunächst nach **Hof** und später nach **Unterkastel**, zu unserem Ausgangspunkt. Dabei folgen wir den Schildern, der Weg ist im unteren Teil recht steil.

| | |
|---|---|
| Ausgangspunkt: | Unterkastel, 510 m NHN |
| Höhenmeter: | 580 m |
| Strecke: | 14,9 km |
| Zeitbedarf: | 4,5 h reine Gehzeit |

Hof

Fröhnder Horn vom Holzer Kreuz

Auch am Nordhang kann man ein Kreuz entdecken

Am Gipfel das Kreuz vom Kreuz

Auf dem Hirtenrundweg

# 6 Hochgscheid 1205,2 m – Ein schöner Rücken kann....

Dies ist ein kein Berg, der sich in den Vordergrund drängt. Selten sieht man ihn auf Bildern oder liest etwas von ihm. Es liegt sicherlich auch daran, dass kein beschilderter Weg bis ganz nach oben führt und er im Gipfelbereich (noch) komplett bewaldet ist, man also von dort keine Aussicht hat.

Aber bekanntlich ist auch der Weg das Ziel und da hat der Anstieg in Schönau beginnend einiges zu bieten. Zunächst steigt man durch den Bannwald Flüh hinauf, dann hat man am Holzer Kreuz eine fantastische Aussicht auf den Belchen und etwas später auf dem Schneckenkopf sieht man die Gleitschirmflieger starten.

Es gibt viel zu sehen auf dieser abwechslungsreichen Wanderung. Ob dabei die Namensfolge der Gipfel – Schneckenkopf – Gscheidkopf – Hochgscheid – einen tieferen Sinn ergeben, hat sich mir bis jetzt nicht erschlossen. „Gscheid“ steht in diesem Zusammenhang wohl eher für den Wortursprung Grenze/Pass und hat nichts mit der süddeutschen Schlauheit zu tun. Soviel Klugscheißen muss sein.

*„Dies ist ein kein Berg, der sich in den Vordergrund drängt“*

Hochgscheid von Norden im letzten Abendlicht

Das Felsenpaar im Bannwald von Schönau

## Die Wanderung

| | |
|---|---|
| Ausgangspunkt: | Schönau, 525 m NHN |
| Höhenmeter: | 750 m |
| Strecke: | 15,5 km |
| Zeitbedarf: | 5,5 h reine Gehzeit |

***Der Aufstieg:*** Ausgangspunkt ist Schönau, die Stadt der Stromrebellen und Geburtsort von Weltmeistertrainer Jogi Löw, dem die Gemeinde auf Plakaten an den Ortseingängen huldigt. Vom Zentrum führt uns die Tunauer Straße an den Bachlauf der Wiese. Hier quert der **Wiesentalradweg**, dem wir ein kurzes Stück flussabwärts folgen, bis das Schild **„Oberer Waldlehrpfad"** nach links Richtung Herrenschwand zeigt.

Die blaue Raute leitet uns auf einem schönen Wanderweg durch den **Schönauer Bannwald**. Es gibt hier einiges zu entdecken. Vor allem Baumpilze und Moose, aber auch einen meiner Lieblingsorte: ein „Felsenpaar" das ich immer wieder besuche. Weiter aufsteigend gelangen wir zum **Holzer Kreuz** (834 m NHN, 1h) mit seiner tollen Aussicht zum Zeller Blauen, dem Fröhnder Horn und natürlich zum Belchen.

Wenn wir ein Stück oberhalb des Holzer Kreuzes das Teersträßchen erreicht haben, gehen wir dieses ein kurzes Stück bis zu einem Parkplatz bergab. Hier geht es links weiter Richtung Herrenschwand. Nach 500 m nehmen wir bei einem Wasserreservoir den linken Weg, der über eine Jungviehweide zum **Dornwasen** (950 m NHN) ansteigt. Eine schöne Stelle zum Rasten. Von hier kann man einen kurzen Abstecher zum **Schneckenkopf** (996,5 m NHN, 15 min.) machen. Dazu links steil am Waldrand aufsteigen. Oben gibt es schöne Bänke und wenn man Glück hat, kann man den Gleitschirmfliegern beim Starten zusehen.

Tiergrüble

Vom Dornwasen wandern wir dann rechts auf einem attraktiven Panoramaweg weiter zum **Sattelwasen** (1040 m NHN, 1 h vom Holzer Kreuz) mit Schutzhütte und einer Grillmöglichkeit. Weiter geht es auf dem Hochgscheidweg Richtung Tiergrüble.

Wer auf den „Gipfel" des **Hochgscheids** möchte, biegt ein kurzes Stück nach der Schutzhütte nach rechts Richtung Herrenschwand ab. Kurz hinter der nächsten markanten Kurve führt links ein unbeschildeter Waldweg immer geradeaus empor bis zum höchsten Punkt am **Hochgscheid** (1205,2 m NHN).

***Der Abstieg:*** Wer auf dem Gipfel war, geht am besten wieder zurück bis zur Abzweigung am Verbindungsweg zwischen Sattelwasen und Tiergrüble. Von hier wandern wir bis zum Passübergang **Tiergrüble** (1064 m NHN, Schutzhütte, Grillmöglichkeit). Jetzt geht es zunächst recht steil bergab. Mit Hilfe der Beschilderung steigen wir auf einem schönen Berghang zunächst zum Dorf **Thunau** ab, dann weiter in das Örtchen **Bischmatt** und kommen schließlich zum Ausgangspunkt in **Schönau** zurück.

Unterwegs im Bannwald Flüh

Das Tiergrüble; im Hintergrund der Hochblauen

Schneckenkopf von Ersberg

# Die Mitte

## Von Schönau bis Todtnau

Staldenkopf

Blößling

Sengalenkopf

Hasenhorn

Belchen

Rollspitz

Knöpflesbrunnen

# 7 Staldenkopf 1135 m – Panorama vom Feinsten

„Doch es gibt, zum Glück, mehrere Möglichkeiten."

Der Staldenkopf bietet mit seinem Rundweg im oberen Bereich eine gute Übersicht über die Mitte des oberen Wiesentals. Das Tal zu seinen Füßen macht eine lange S-Kurve, in die er mit seinen Ausläufern wie ein Eckpfeiler hineinragt. Dieser Rücken, der vom Hochgscheid nach Norden verläuft, trennt das Präger- vom Wiesental.

Möchte man vom Tal aus auf den Staldenkopf steigen, so wird dies zumeist von Schönau aus gemacht. Es gibt gute Gründe dafür und ich kann das auch wirklich empfehlen. Doch es gibt, wie zumeist, mehrere Möglichkeiten. Eine davon ist, die Wanderung in Präg zu beginnen, am selben Startpunkt wie bei der Hochkopftour. Es ist hier eindeutig weniger los und der Eindruck, wenn man nach langem Aufstieg durch den Wald später auf dem Panoramaweg mit seiner überwältigenden Aussicht wandelt, umso größer. Ein weiterer Grund ist der interessante Abstieg durch den Nollenwald, um die Rundwanderung „rund" zu machen. Der Abstiegsweg wird eher selten begangen und es ist etwas Vorsicht geboten, was die Wegbeschaffenheit und die Orientierung anbetrifft.

Blockhalde an der Seehalde

Auch hier gibt der Gipfelname einen Hinweis auf das zu erwartende Gelände. „Stalden" bedeutet als Flurbezeichnung „eine ansteigende Stelle im Gelände". Jeder, der die beschriebene Wanderung gemacht hat, kann bestätigen, dass es sich um eine solche handelt.

Die Nordflanke des Staldenkopfes

Die Fischerhütte

# Die Wanderung

***Der Aufstieg:*** Der erste Kilometer mit rund 100 Höhenmetern verläuft analog zur Wanderung auf den Hochkopf. Wir starten also auch am Gemeindehausparkplatz in **Präg** und gehen ein kurzes Stück die Straße hinab, bis zum Wanderschild „Hochkopf 5,8 km". Wir folgen der gelben Raute (auch hier nicht schon vorher beim Holzschild abbiegen) auf dem Erlenbachweg, bis zum Beginn des **Weidelehrpfad**es.

Hier weist uns ein Schild den Weg zum Tiergrüble (3,5 km). Wir kommen auf einem Waldweg am Schild **Eulenwald** (862 m NHN) vorbei, bis uns zum Schluss ein steiler Wanderweg zur Hütte mit Grillplatz auf das **Tiergrüble** führt (1068 m NHN). Jetzt folgen wir im Uhrzeigersinn dem **Rundweg Staldenkopf.**

Auf einem der besten Panoramawege. die ich kenne, wandern wir fast eben um den **Staldenkopf** (1135 m NHN) herum. Der eigentliche Gipfel kann leider nur weglos erreicht werden. Da es sich um ein Tierschutzgebiet handelt, sollte man darauf verzichten.

***Der Abstieg:*** Wir wandern auf dem Panoramaweg weiter, bis uns ein großes Holzschild den Weg links hinab wieder Richtung Tiergrüble zeigt. Auf einem Wanderweg steigen wir bis zum nächsten Forstweg ab und folgen dann diesem nach rechts, leicht ansteigend, zum **Nollenwald** (1057 m NHN). Jetzt gehen wir links, wieder mit tollen Aussichten, in Richtung Präg bergab.

Nach etwa 2,5 km gehen wir rechts, ein kurzes Stück weiter wieder nach links, auf einen Wanderweg weiter hinunter. Diesem Wanderweg folgen wir bis zum nächsten Forstweg. Jetzt aber nicht dem Holzschild nach Präg hinterher!

Wir gehen links weiter bergab bis zur Straße im Tal. An der Straße angekommen, überqueren wir diese nicht, sondern gehen ein kurzes Stück rechts der Straße entlang. Dann führt uns ein Weg zum **Naturschutzgebiet Gletscherkessel Präg.**

Hier kommen wir an drei kleinen Seen (zumeist leider trocken) und einer Blockhalde vorbei. Ein schöner Platz um nochmals eine Pause zu machen. Die Blockhalde mit ihrer Käferpopulation und dem Gletschereis darunter ist eine der bemerkenswertesten Geschichten des ganzen Schwarzwaldes.

Jetzt ist es nicht mehr weit, kurz danach erreichen wir wieder **Präg** und unseren Ausgangspunkt.

| | |
|---|---|
| Ausgangspunkt: | Gemeindehaus Präg, 700 m NHN |
| Höhenmeter: | 580 m |
| Strecke: | 12,3 km |
| Zeitbedarf: | 4,5 h reine Gehzeit |

Blick vom Panoramaweg nach Schönau

Staldenkopf und das Dorf Thunau

Thunauer Weideland

Herz-Jesu-Kirche in Thunau

# 8 Blößling 1309,6 m – Der Unterschätzte

Dieser Berg steht am Ostrand des Präger Gletscherkessels und schafft es mit seinen über 1300 m locker in die Top-Ten der höchsten Berge Baden-Württembergs.

Beim Aufstieg trifft man, wie bei vielen Wanderungen im Südschwarzwald, auf Namen wie ***Schweinebuck*** oder einfach nur ***Schweine***. Mit Schweinen haben diese Orts- und Wegnahmen aber gar nichts zu tun. Der Begriff Schweine stammt aus früherer Zeit und steht für das mittelhochdeutsche Wort „Roden“. Über seinen Gipfel führt der Westweg, der Fernwanderweg, dem wir auch bei dieser Wanderung ein kurzes Stück folgen wollen. Seine „Flanken“ werden eher seltener begangen und werden wohl öfters von Gämsen als von Menschen betreten. Sein fast kahler Gipfel ist bei Sonne beeindruckend. Weil östlich des Blößlings kein höherer Berg ist, ist sein Gipfel bei Ostwetterlage eher ungemütlich.

Beim Abstieg kommt man kurz unterhalb des Passüberganges „Wacht“ an einem Gedenkstein für Leo Köpfer vorbei, einem Fuhrmann aus Bernau-Weierle, der hier 1862 durch seinen umstürzenden *Bretterwagen* zu Tode kam. Auf seinem Gedenkstein steht: *Wanderer stehe still, weine eine Träne des Mitleids und bete für seine Seele.* Der Pass war schon früh ein wichtiger Handelsübergang zwischen Todtnau und St. Blasien.

„Wanderer stehe still,
weine eine Träne des Mitleids
und bete für seine Seele.“

Blößling von der Sengalenhalde

## Die Wanderung

***Der Aufstieg:*** Auch dieser Anstieg startet in Präg. Jedoch nicht direkt im Ort, sondern von einem kleinen Parkplatz etwas außerhalb. Dieser liegt an der Grabenstraße vor einer markanten Biegung mit Brücke. Vom Parkplatz gehen wir zunächst auf dem Teersträßchen ein paar hundert Meter Richtung Norden, bis rechts am **Ellenbogen** der Wanderweg zum **Präger Eck** (blaue Raute, 4 km) abzweigt. Über den **Schweinebuck** (900 m NHN) und dem oberen Schweineweg gelangen wir zu diesem Übergang (1095 m NHN, 1 h). Der Weg ist am Anfang und am Ende recht steil. Der Aufstieg führt über eine unbewaldete Halde, von der aus man den Hochkopf im Süden und den Hochgscheid im Westen gut sehen kann. Nicht selten lassen sich hier auch Gämsen beobachten.

Vom Präger Eck gehen wir nun auf dem Westweg mit seiner roten Raute weiter. Zunächst kommen wir auf den **Blößlingsattel** (1230 m NHN) und knapp 100 Höhenmeter später schließlich zum Gipfel des **Blößlings** (1310 m NHN). Auf dem Gipfel können wir die Aussicht auf einer der zahlreichen Bänke und Sonnenliegen genießen. Die kleine Artur-SchweizerHütte bietet dem Wanderer bei windigem Wetter Schutz.

***Der Abstieg:*** Auf dem Westweg gehen wir nordwärts bergab zur **Wacht** (973 m NHN, 50 min). Zuerst ist der Weg dorthin noch wirklich schön, bis er zu einem breiten, für „schweres Gerät" zurechtgemachten Weg wird, der zur Passhöhe zwischen Präg und Bernau führt.

Ab hier folgen wir der gelben Raute talwärts nach Westen, zurück nach Präg (5,5 km). Der Weg führt uns dabei am Prägbach entlang nach **Gschwenderholz** (750 m NHN). Der hohe **Wasserfall** bietet uns ein echtes Highlight.

Über eine Magerwiese, auf der man allerhand Pflanzen sehen, aber auch unvermittelt auf Kühe treffen kann – Vorsicht bei Muttertieren mit Kälbern – gelangen wir wieder zum **Ellenbogen** und letztlich zum Parkplatz am Ortsende von **Präg** zurück.

| | |
|---|---|
| Ausgangspunkt: | Präg, 700 m NHN |
| Höhenmeter: | 600 m |
| Strecke: | 12,2 km |
| Zeitbedarf: | 4 h reine Gehzeit |

Links: Unterer Prägbachwasserfall

Blick auf den Blößling von der Sengalenhalde

Die Artur-Schweizer-Hütte am Gipfel

Der Schweinebuck mit Aufstiegsweg

# 9 Sengalenkopf 1208 m – Der Unbekannte

Wie ich am Anfang schon geschrieben habe, bin ich viel im Großen Wiesental und seinen umliegenden Gebieten unterwegs. Auf allen höheren Gipfel war ich bereits mehrmals. Doch ich muss gestehen, der Sengalenkopf ist mir dabei nie so richtig aufgefallen. Erst durch die Vorarbeiten zu diesem Buch bin ich auf ihn aufmerksam geworden. Kaum zu glauben, ragt er doch mächtig in den Himmel, wenn man von Gschwend aus in das Prägtal fährt.

Vom Tal führt kein ausgeschilderter Weg zum Gipfel. Das könnte ein Grund dafür sein, dass man hier nicht viele Wanderer trifft. Da der Aufstiegsweg nicht leicht zu finden ist, sind Orientierungssinn und die Fähigkeit, eine Wanderkarte lesen zu können, gefragt.

Ist beides vorhanden, ist der Sengalenkopf ein lohnendes Wanderziel. Besonders beeindruckend finde ich dabei die Aussicht, die man im oberen Abschnitt bei der „Umrundung" der Südseite und vom Gipfel aus hat, falls man bis ganz auf den Gipfel steigt. Auch die Sengalenhalde, die man beim Abstieg durchquert, hat bei mir einen bleibenden Eindruck hinterlassen. Von dieser Bergwiese hat man nicht nur einen schönen Blick auf den Blößling, auch mit ihrer schützenswerten Flora und Fauna ist sie sehr interessant.

*„Der Sengalenkopf ist mir dabei nie richtig aufgefallen."*

Kirche St. Wendelin in Gschwend und Sengalenkopf

Aufstieg durch die kahler werdende Westseite

## Die Wanderung

| | |
|---|---|
| Ausgangspunkt: | Gschwend, 600 m NHN |
| Höhenmeter: | 650 m |
| Strecke: | 16,3 km |
| Zeitbedarf: | 5,5 h reine Gehzeit |

***Der Aufstieg:*** Ein idealer Startpunkt ist ein Parkplatz an der Straße kurz hinter **Gschwend** in Richtung Präg, auf der linken Seite gegenüber dem Friedhof. Mit Blick auf den Gipfel wandern wir zunächst das flache Teersträßchen zum Grillplatz Althütte und überqueren den Prägbach. Weiter geht es geradeaus bis zu einem Wegweiser mit Bank. Jetzt nehmen wir den oberen rechten Weg bergan (den unteren kommen wir später zurück), folgen dem Schild **„Kuhbodenweg"** und der gelben Raute, bis in den nächsten Wald hinein. Dann biegen wir links und nach 300 m (Blick zum Hasenhornturm) rechts ab. Nach weiteren 100 m auf einem Wiesenweg geht es wieder links.

Diesem Weg folgen wir, bis wir auf einen breiten Waldweg treffen, wo wir nach rechts gehen. Einen Kilometer weiter gelangen wir zu einer Art Wendeplatz. Es geht hier die Kehre links kurz steil hinauf und dann flach weiter bis zur nächsten Kreuzung. An dieser gehen wir links 300 m etwas bergab, bis rechts ein steiler Weg abgeht. Diesen steigen wir hoch auf den „Bergrücken" und dann auf breitem Weg rechts um den Berg herum. Wer möchte, kann auf der „Rückseite" (Ostseite) des Berges einem grasigen Weg bis zum Gipfel folgen.

***Der Abstieg:*** Von der Abzweigung zum Gipfel gehen wir den Rundweg auf dem **Sengalenkopfweg** weiter hinab bis zur nächsten Kreuzung (1076 m NHN). Jetzt biegen wir rechts ab und kommen mit Hilfe einer gelben Raute auf dem Sengalenhaldenweg weiter talwärts. Dabei durchqueren wir die **Sengalenhalde**, ein Kleinod für Insekten und Pflanzen, bis zu einer Abzweigung linkerhand nach Präg auf den **Ziegfelsenweg**.

Diesem Weg folgen wir nach Präg, überqueren dabei zunächst die Straße und dann über eine kleine Brücke den **Prägbach** und weiter bis zu einer kleinen Teerstraße. Jetzt wenden wir uns nach rechts und kommen etwas ansteigend wieder zur Straße. Diese überqueren wir abermals und biegen dann links ab. Jetzt gehen wir den Wanderweg Richtung Gschwend bis zum Parkplatz zurück.

Springspinne

Prägtal, hinten links ist der Hasenhornturm zu erkennen

Die Sengalenhalde

# 10 Hasenhorn 1156 m – Der Actionberg

„geht auch ohne Rummel"

Wer am Wochenende Trubel möchte, der geht nach Todtnau ans Hasenhorn. Nach Aussage der Betreiber der Anlage kann man hier auf Deutschlands spektakulärster Rodelbahn ins Tal rauschen oder sich mit dem Mountainbike in eine Downhill-Abfahrt stürzen. Zuvor fährt man mit einem Sessellift bequem zur Bergstation. Von hier führt auch ein Weg mit 130 Höhenmetern zum Gipfel des Hasenhorns mit seinem wirklich schönen Aussichtsturm.

Aber man kann diesen Gipfel auch auf zumeist einsamen Wegen wirklich erwandern und wenn man dies vom Tal aus macht und die knapp 700 Höhenmeter zu Fuß hinaufsteigt, genießt man die Aussicht von dort oben umso mehr. Der Aufstieg durch den Bannwald von Gschwend zum Rabenfelsen gefällt mir besonders gut. Er ist zwar steil, aber die Blockhalde mit ihren alten Bäumen, ein *„echter"* Wanderweg und nicht zuletzt der schöne Platz auf dem Aussichtsfelsen machen das locker wieder wett.

Die Wanderung beginnt in Todtnau, an der ehemaligen Endstation der Schmalspurbahn „Todtnauerli", die von Zell bis hierher führte. Sie wurde im September 1967 leider endgültig stillgelegt und zurückgebaut. Der Wiesentalradweg, auf dem auch einige kurze Abschnitte der beschriebenen Wanderungen verlaufen, entspricht im Wesentlichen der alten Trasse dieser Bahnlinie.

Von links nach rechts: Feldberg, Seebuck, Silberberg, Hasenhorn und Schlechtnauer Höhe

Rastplatz Bernauer Kreuz

## Die Wanderung

| | |
|---|---|
| Ausgangspunkt: | Todtnau, 650 m NHN |
| Höhenmeter: | 700 m |
| Strecke: | 16,5 km |
| Zeitbedarf: | 5,5 h reine Gehzeit |

Einkehrmöglichkeit:
Berggasthof Hasenhorn an der Bergstation, 07671/521
Berggasthaus Gisiboden, 07671/999821

***Der Aufstieg:*** Vom zentralen Parkplatz in der Franz-Josef-Faller-Straße in Todtnau folgen wir der Meinrad-Thoma-Straße zum Busbahnhof und wandern von dort auf dem **Wiesentalradweg** flussabwärts.

Nachdem **Schlechtnau** (1,3 km) durchquert ist, gehen wir weiter in Richtung Gschwend. Wir kommen dabei an einem hohen Stauwehr vorbei und gehen danach links über eine kleine Brücke zur Hauptstraße, die wir überqueren. Auf der Elsbergstraße kommen wir ins Dorf **Gschwend**. Nach gut 200 m im Dorf zeigt links ein Schild den Weg zum Hasenhorn an (3,2 km, gelbe Raute). Achtung, das Schild ist schwer zu erkennen. Auf steilem Weg steigen wir durch den **Bannwald Gschwender Halde** mit skurrilen Buchen zum ersten Aussichtspunkt der Tour, dem **Rabenfelsen** (812 m NHN).

Weiter geht es zunächst auf einem Wanderweg und später auf einem Forstweg zur **Schlechtnauer** Höhe (1004 m NHN). Hier kann man noch den **Elsberg** (1029 m NHN) „mitnehmen", von dem die Straße in Gschwend ihren Namen hat. Dafür müssen Sie ein paar Schritte geradeaus und dann auf dem rechten Weg ca. 800 m nach Süden weitergehen. Von diesem Weg hat man eine schöne Aussicht nach Osten.

Wieder zurück, gehen wir auf der Höhe ein kurzes Stück nach links, biegen dann gleich wieder rechts ab (am Schild Bernauer Kreuz/Hasenhorn) und kommen dann an einer kleinen Hütte vorbei. Bei den nächsten Wegweisern (Zauberweg 1015 m NHN), kann man entweder zunächst zum **Berggasthof Hasenhorn** gehen (Einkehrmöglichkeit), oder man folgt dem rechts daneben bergauf verlaufenden Weg bis zu den nächsten Schildern. Von hier sind es nur noch ein paar Kehren rechts hinauf zum **Turm des Hasenhorns** (1156 m NHN).

***Der Abstieg:*** Wir gehen wieder ein paar Kehren zurück und biegen auf den nächsten Waldweg nach rechts ab. So können wir immer dem Bergrücken durch den Wald zum **Mausköpfle** (1114 m NHN) folgen und erreichen etwas später den **Gisiboden** (1167 m NHN). Hier kann man sich im **Berggasthaus Gisiboden** ein kühles Getränk oder eine kleine Stärkung auf der Terrasse schmecken lassen. Jetzt müssen wir noch links am Gasthaus vorbei eine kleine Kuppe überqueren, um zum **Bernauer Kreuz** (1155 m NHN) zu gelangen, ein weiterer schöner Platz zum Rasten. Jetzt folgt der eigentliche Abstiegsweg, der uns mit seiner gelben Raute bis ins Tal nach Todtnau begleitet. Dabei kommen wir unterhalb des Mausköpfle am **Marienstollen** vorbei, in dem früher Silber abgebaut wurde. Weiter absteigend erreichen wir auf einem schönen Weg **Todtnau.**

Hasenhornturm vom Gisiboden aus

Huflattich in drei Lebensphasen

Der Marienstollen

Der Aussichtsturm auf dem Hasenhorn

# 11 Belchen 1414 m – Der schöne Kahle

„Hier sind die meisten Höhenmeter zu bewältigen“

Der Ballon d`Alsace, auch der Grand Ballon und der Petit Ballon, die Belchenflue und eben auch dieser Belchen im Südschwarzwald gehören zum sogenannten Belchen-System. Diese fünf Berge wurden schon von den Kelten in einen mystischen Zusammenhang gebracht. Der „Strahlende“, so nannten sie ihn. Und auch heute noch ist er neben dem Feldberg der bekannteste und meistbesuchte Gipfel im Wiesental. Der 360° Rundumblick von seiner kahlen Kuppe aus ergreift mich jedes Mal, wenn ich da oben stehe, egal zu welcher Jahreszeit.

Ich kann verstehen, warum er so populär ist, und ich muss sagen: Er ist auch mein Lieblingsberg. Darum hat er es auch verdient, dass für seinen Anstieg die meisten Höhenmeter zu bewältigen sind. Im Tal kann T-Shirt-Wetter sein und am Gipfel ist man dann doch froh, die dicke Jacke dabei zu haben. Nicht von ungefähr hat der Zeller Heimatdichter Gerhard Jung eines seiner Gedichte *Im Belchenwind* betitelt.

So abwechslungsreich wie das Wetter sind auch die Abschnitte der Wanderung, die man beim langen Anstieg von Schönau aus durchquert.

Vor ein paar Jahren konnte man noch mit dem Auto bis zum Belchenhaus fahren, dem höchstgelegenen Gasthaus im Schwarzwald auf 1360 m NHN. Dies ist zum Glück Geschichte.

Seit 2001 kann man sich allerdings gemütlich mit einer kleinen Seilbahn vom Parkplatz in Multen bis hierher gondeln lassen, was jedoch bedeutet, hier insbesondere bei schönem Wetter und am Wochenende nicht allein zu sein. Im Winter bietet sie aber auch die Möglichkeit, in einem kleinen, aber feinen Skigebiet ins Tal zu wedeln.

Der lange Anstieg von Schönau

Dreimal Energiegewinnung

## Die Wanderung

| | |
|---|---|
| Ausgangspunkt: | Schönau, 550 m NHN |
| Höhenmeter: | 950 m |
| Strecke: | 20,5 km |
| Zeitbedarf: | 7 h reine Gehzeit |

Einkehrmöglichkeit:
Belchenhaus 07673/ 888280

***Der Aufstieg:*** Wie die Teilnehmer des jährlich stattfindenden Belchen-Berglaufes starten auch wir die Wanderung ganz unten im Tal in Schönau. Vom Parkplatz an der Friedrichstraße am Friedhof geht es los. Wir überqueren die Hauptstraße, biegen in die Lachenstraße ab und gehen diese bergauf, bis es rechts mit der gelben Raute zum **Gletscherschliff** geht. Am nachdenklich machenden Schlageter-Denkmal vorbei gehen wir ein kurzes Stück Richtung Aitern, bis es links zum **Letzbergweiher** abgeht. Eine Kostbarkeit für Kröten, Libellen, Ringelnattern und auch für uns.

Wir gehen links an den am Ufer aufgestellten Bänken entlang auf die andere Seite und ca. 100 m weiter, bevor wir rechts auf den Wanderweg mit blauer Raute abbiegen. Auf diesem erreichen wir zunächst den **Mittelbühl** (955 m NHN), dann die **obere Stuhlsebene** (1110 m NHN), alsbald das **Böllener Eck** (1115 m NHN) und etwas später den Punkt **Unter dem Hägstutzfelsen** (1186 m NHN). Hier verlassen wir die blaue Raute und gehen geradeaus und steil zum Aussichtspunkt **Hägstutzfels** (1230 m NHN) hinauf. Ein idealer Ort, um eine kleine Pause zu machen, bevor es durch einen **Bannwald** zum **Belchenhaus** (1360 m NHN) weitergeht.

Ab hier ist man selten allein, da dies gleichzeitig die Bergstation der Belchenbahn ist. Aber noch sind wir nicht ganz oben. 54 Höhenmeter fehlen uns noch. Es gibt hier zwei Möglichkeiten zum Gipfel: linksherum oder rechtsherum. Beide Wege führen zum **Gipfelkreuz** (1414 m NHN). Wir gehen rechtsherum, dann haben wir beim Abstieg einen schönen Blick ins Kleine Wiesental. Und jetzt: los geht's, schauen und genießen.

***Der Abstieg:*** Anschließend gehen wir wieder zurück zum **Belchenhaus**. Der weitere Abstieg verläuft zunächst auf einem Wanderweg mit blauer Raute auf der Südseite in Richtung Neuenweg bis zum **Böllener Eck** (1020 m NHN).

Hier biegen wir links ab und gehen bis zur Kreuzung **„Im Belchenwald"** (1063 m NHN) und dann geradeaus leicht bergab bis **zur Ludwig-Albert-Hütte**. Bei der Hütte nehmen wir den oberhalb, parallel zum Hang verlaufenden Weg zum **Weidbuchenpfad** (nicht auf dem Hauptweg absteigen!). Hier können wir schöne alte Buchen beim Abstieg durch die Ziegenweiden bestaunen. Auf diesem Pfad, der mit gelber Raute markiert ist, gehen wir weiter talwärts bis zu einer kleinen Teestraße. Diese queren wir und kehren auf einem ausgeschilderten Weg über **Schönenberg** nach **Schönau** zurück.

Letzbergweiher beim Aufstieg zum Belchen

Alleine am Gipfel

Die Schweizer Alpen sind nicht weit

# 12 Rollspitz 1236,1 m – Der Unbeachtete

Wie heißt der Berg? Rollspitz? Kenne ich nicht. Wo steht der? Das ist meist die Reaktion, wenn ich erzähle, dass ich dort unterwegs war. Obwohl er unweit seines berühmten Nachbarn Belchen und der Passstraße über das Wiedener Eck steht, wird er größtenteils nicht beachtet. Das hat er eigentlich nicht verdient, doch andererseits hat man hier seine Ruhe und Kenner schätzen ihn deshalb umso mehr.

Besonders schön finde ich die Annäherung an diesen Berg von Osten her, vom Pass „Auf den Winden“ über die Kälberweiden. Unten geht es über offenes Weideland, bevor man dann oben in den Wald eintaucht. Und ist man am Gipfel angekommen, ist man etwas enttäuscht, dass man nichts sieht. Doch dafür wird man ein kurzes Stück später mit einem hervorragenden Aussichtsplatz belohnt.

Auch der weitere Abstieg ist interessant. Da gibt es den Warbachweiher unterhalb der Rheinfelder Hütte, der zu einer Rast einlädt. Auch die kleinen Dörfer Ober- und Unterrollsbach liegen wildromantisch im gleichnamigen Tal. Die beiden ehemaligen Stabhaltereien mit eigener Gemarkung gehören seit 1934 zur Gemeinde Aitern, dem Ausgangs- und Endpunkt der beschriebenen Wanderung. Die beiden Hämmer im Dorfwappen dieser Gemeinde weisen heute noch darauf hin, dass auch hier in der Vergangenheit nach Bergschätzen, vor allem nach Silber, gegraben wurde.

„im Schatten des
berühmten Nachbarn“

Wiedenbachtal mit Rollspitz von Osten

Passübergang „Auf den Winden“

## Die Wanderung

***Der Aufstieg:*** Gestartet wird natürlich wieder im Tal, diesmal in der kleinen Ortschaft **Aitern** (600 m NHN). Vom Parkplatz in der Dorfmitte folgen wir dem Wanderschild bergauf zum kleinen Pass **Auf den Winden** (830 m NHN). Hier steht eine schöne Hütte mit Grillplatz, an der wir beim Abstieg wieder vorbeikommen. Weiter aufsteigend wandern wir über einen schönen Rücken zur **Kälberweidstelle** (Richtung Belchen). Dort angekommen gehen wir zuerst ca. 300 m nach links den Brennteweg entlang, bis wir rechts in den **Brenntekopfweg** abbiegen. Auf diesem gehen wir um den Brenntekopf herum bis zu einer Lichtung am **Punkt 1148 m NHN**. Wir bleiben auf dem Bergrücken und gehen auf einem Waldweg Richtung Norden, bis wir an eine Wegkreuzung kommen. Hier geht es geradeaus steil bergauf. An der nächsten Abzweigung gehen wir rechts und weiter steil bis zum Gipfel des **Rollspitzkopfes** (1238 m NHN).

***Der Abstieg:*** Der Weg führt vom Gipfel ein kurzes Stück bergab, Richtung Lückle (Hüttenpfad), bis wir zunächst zwei Bänke und etwas später die **Rollspitzhütte** (1200 m NHN) mit toller Aussicht erreichen.

Von hier steigen wir weiter bergab zum **Lückle** (1157 m NHN), überqueren dort die Straße und gehen rechts Richtung **Holzplatz** (1150 m NHN). Jetzt gehen wir wieder rechts in Richtung Wieden und nachdem wir abermals die Straße gequert haben, weiter zur **Rheinfelder Skihütte**, die schön über einem Weiher steht.

Von der Hütte aus können wir links am Waldrand zum **Warbachweiher** absteigen und gelangen von dort auf einem kleinen Fußweg wieder zum Hauptweg zurück. Auf einem schönen **Panoramaweg** mit dem Namen „Multen-Lückle" gelangen wir zu einem **Bannwald** und weiter gemütlich absteigend zunächst nach Ober- und dann nach Unter**rollsbach**. Eine Rast im **Gasthaus Auerhahn** bietet sich hier vor dem weiteren Abstieg an. Danach führt uns eine kleine Teerstraße wieder auf den Passübergang **Auf den Winden.** Von hier nehmen wir am besten wieder den Aufstiegsweg und steigen auf diesem zurück ins Tal nach **Aitern**.

| | |
|---|---|
| Ausgangspunkt: | Aitern, 600 m NHN |
| Höhenmeter: | 680 m |
| Strecke: | 14,6 km |
| Zeitbedarf: | 5,0 h reine Gehzeit |

Einkehrmöglichkeit:
Gasthaus Auerhahn in Unterrollsbach, 07673/309

Auf den Winden

Auf den Winden, hinten der Rollspitz

Winterwald auf der Ostseite

# 13 Knöpflesbrunnen 1124 m – Das liebliche Haupt

Ein super Platz! Ich war ganz begeistert, als ich das erste Mal auf der Matte des Knöpflesbrunnen stand. Sein ungewöhnlicher Name hat vermutlich was mit kostspieligen Knöpfen, die im Zusammenhang mit dem ehemaligen Bergbau in der Umgebung stehen, zu tun (Besucherbergwerk Finstergrund). So besagt es zumindest die Utzenfelder Dorfchronik.

Wie auch immer, reich an schönen Eindrücken kann man hier auf jeden Fall werden. Ein Abstecher zum Aussichtspunkt „Tannenharzfelsen" lohnt sich allemal sowie auch ein Besuch der Almgaststätte Knöpflesbrunnen. Da man auf einem unbefestigten Waldweg bis kurz unterhalb der Gaststätte mit dem Auto fahren darf, ist diese und die Almwiese an Sommerwochenenden recht gut besucht. Auf den Wanderwegen, vor allem auf der Südseite, ist man dadurch hingegen nicht selten allein.

Ein ganz besonders schöner Flecken Erde ist die Kleine und Große Utzenfluh, eine sogenannte Wärmeinsel, die bereits seit 1940 unter Naturschutz steht. Sie erhebt sich direkt oberhalb des Parkplatzes, an dem unsere Wanderung beginnt. Eine große Ziegenherde sorgt dafür, dass die offenen Flächen nicht verbuschen, indem die Bäume und Sträucher durch ständiges Abfressen von ihnen „auf den Stock gesetzt" werden. So soll die Tier- und Pflanzen-Diversität erhalten bleiben. Ob das heutige Prädikat „Wärmeinsel" auch in Zukunft noch als solches gesehen wird, bleibt abzuwarten.

*„Sein Name hat vermutlich was mit kostspieligen Knöpfen zu tun"*

Die Wiese des Knöpflesbrunnen, einer der schönsten Plätze

Auf dem Knöpflesbrunnen

## Die Wanderung

***Der Aufstieg:*** Vom Parkplatz am östlichen Ortsausgang von **Utzenfeld** direkt an der Wiese, gehen wir über die Brücke und dann über die Straße. Der **Todtnauerliweg** führt uns in Richtung Todtnau in das Dorf **Schlechtnau** (610 m NHN, 30 min). In der Mitte des Ortes geht es links, dem Schild „Feriendorf/Knöpflesbrunnen" folgend bergauf. Zunächst laufen wir auf einer kleinen Teerstraße, dann auf einem Schotterweg. An der Abzweigung **Kresse** (863 m NHN) biegen wir rechts und etwas weiter dann nach links ab. Dem Waldweg folgen wir, bis erneut links ein Wanderweg abzweigt, der mit blauer Raute markiert ist. Wenige Meter später erreichen wir einen schönen **Grillplatz** mit Bänken und einer kleinen Hütte (975 m NHN). Das Hasenhorn gegenüber auf der anderen Seite des Wiesentales ist von hier aus gut zu sehen.

Von hier steigt der Wanderweg in angenehmen Kehren bis zum **Knöpflesbrunnen** (1109 m NHN) hoch. Ein wunderschöner Platz mit alten Bäumen und einem weiteren Grillplatz. Bevor man zur **Almgaststätte Knöpflesbrunnen** absteigt, sollte man den kurzen Abstecher zum Aussichtspunkt **Tannenharzfelsen** machen. Dazu steigt man den angrenzenden Hügel hoch (Schild am Hauptweg) und überquert den Grasrücken, bis man an dessen Ende den Felsen mit einer Bank erreicht.

***Der Abstieg:*** Für den Abstieg gehen wir wieder zurück zur Abzweigung am Hauptweg und hinab zur Almgaststätte mit schönem Biergarten. Von der Gaststätte schlendern wir etwa 300 m den Schottweg bergab, bis uns links ein Schild den Rückweg nach Utzenfeld weist. Nach etwa weiteren 300 m dürfen wir den Abzweig des Wanderweges nach rechts nicht verpassen.

Zunächst steigen wir auf diesem steil durch den Wald ab. Haben wir den Wald verlassen und sind sicher durch die Kuhweide gekommen, gehen wir wieder auf breitem Weg bis ins Tal. Dabei hat man einen schönen Blick ins **Wiedenbachtal** und zum Rollspitzkopf. An der Hauptstraße angekommen, gehen wir durch die Unterführung und schon bald sind wir in der Dorfmitte von **Utzenfeld** angekommen. Zum Ausklang empfiehlt sich noch ein Besuch der **Gaststätte Eiche**, bevor es an der Straße entlang wieder zum Parkplatz geht.

| | |
|---|---|
| Ausgangspunkt: | Utzenfeld, 570 m NHN |
| Höhenmeter: | 570 m |
| Strecke: | 12,8 km |
| Zeitbedarf: | 4 h reine Gehzeit |

Einkehrmöglichkeit:
Almgasthof Knöpflesbrunnen, 01520 6003551

Gasthaus Eiche, 07673/202

Auf dem Weg zum Tannenharzfelsen

Blick auf den Aufstiegsweg vom Rabenfels

Utzenfluh

# Der Norden

## Von Todtnau bis Feldberg

Herzogenhorn

Silberberg

Trubelsmattkopf

Stübenwasen

Feldberg

# 14 Herzogenhorn 1415,2 m – Der Abtrünnige

„Gehört der eigentlich zum Wiesental?“

Gehört der eigentlich zum Wiesental? Habe ich mich gefragt. Ja, ich denke schon. Denn auf ihm verläuft die Wasserscheide und so entspringt an seiner Südwestseite der Prägbach, der schließlich in die Wiese mündet.

Es wäre auch schade gewesen ihn nicht aufzuführen, ist er doch wirklich interessant und immerhin der zweithöchste Berg im Schwarzwald. Die Anstiege von der Bernauer Seite sind natürlich auch sehr schön und sollen hier nicht unerwähnt bleiben. Sein Gipfel mutet schon leicht alpin an und über seinen Nordhang geht im Winter so manche Lawine ab. Leichtsinn an der Kante ist hier fehl am Platz.

Beeindruckend ist die Rundumsicht, die man vom höchsten Punkt bewundern darf. Jeden der 18 in diesem Buch beschriebenen Gipfel kann man von hier aus sehen. Versuchen sie, diese zu finden und zu benennen. Als eine kleine Hilfe beginnen sie ganz links mit dem Blößling, in der Ferne sieht man die Hohe Möhr, im Westen den immer erkennbaren Belchen und natürlich den nahen Feldberg im Norden.

An vielen Stellen im Südschwarzwald trifft man auf mehr oder weniger gut erkennbare alte Befestigungsanlagen, so genannte „Schanzen“. Auch hier etwas unterhalb des Gipfels kommt man beim Abstieg an solch einer Erdbefestigungsanlage vorbei: der Schwedenschanze. Eine in Form von Erdgräben und Wällen im 17./18. Jahrhundert errichtete Verteidigungslinie, die von Karlsruhe bis zum Hochrhein führte und das Haus Habsburg vor den Franzosen schützen sollte. Heute zum Glück nur eine Erinnerung an schlechtere Zeiten.

Die Südseite des Herzogenhorns

Die Nordseite des Herzogenhorns

## Die Wanderung

***Der Aufstieg:*** Der Parkplatz befindet sich 100 m in Richtung Präger Böden nach der Abzweigung von der L149 (Verbindungsstraße von Präg nach Bernau) auf der rechten Seite. Zuerst gehen wir das Sträßchen wieder bis zur Abzweigung an der Landstraße zurück, überqueren den **Prägbach** und biegen links ab. Am **Prägbachweiher** vorbei wandern wir das Tal auf der rechten Seite bachauf. Wenn wir auf dem linken Berghang die Gaststätte Präger Böden sehen, macht der Hauptweg eine scharfe Rechtskurve und wir tun ihm es gleich. Stetig ansteigend erreichen wir schon bald den Aussichtspunkt **Roter Felsen** (1081 m NHN).

Hier hat man einen interessanten Blick auf den Belchen. Am Roten Felsen kommt auch der Westweg vorbei, dem wir nun ein gutes Stück links folgen. Zuerst kommen wir am Hummelenloch vorbei, bevor wir den Kreuzungspunkt **Hof Eck** erreichen (1130 m NHN). Jetzt könnte man direkt der Ausschilderung zum Herzogenhorn folgen. Wir tun dies aber nicht, denn diesen Weg kommen wir später beim Abstieg zurück. Wir gehen stattdessen den rechten Weg Richtung Bernau Hof hinunter, ja hinunter. Wir *verlieren* dabei zwar 140 Höhenmeter, gewinnen aber an Aussicht und an Qualität, was den Aufstiegsweg betrifft. Trust me, I'm an mountaineer. Beim kurzen Abstieg queren wir den Skilift von Hof und genießen den herrlichen Blick ins **Bernauer Tal.** Vor uns sehen wir unser Gipfelziel. An der Abzweigung **Hohfelsen** (990 m NHN) haben wir den tiefsten Punkt erreicht und biegen links in den Hofmättleweg in Richtung Herzogenhorn ab. Zunächst gehen wir noch auf einem breiten Schotterweg bis zum Punkt **Gerstenfelsen** (1100 m NHN).

Hier beginnt ein Wanderweg durch die Südflanke, der uns bis auf den Gipfel des **Herzogenhorns** bringt (1415 m NHN). Ein großes Holzkreuz, das ein bisschen an einen Telegrafenmasten erinnert, und ein paar der auch hier immer beliebter werdenden Sonnenliegen erwarten uns.

***Der Abstieg:*** Wir verlassen die Gipfelkuppe und gehen ein kurzes Stück den Aufstiegsweg hinunter und biegen am ersten Schild rechts zur **Schwedenschanze** (1375 m NHN) ab. Jetzt sind wir wieder auf dem Westweg, dem wir links hinunter folgen. Wir kommen an der schön gelegenen **Bernauer Skihütte** (1310 m NHN) vorbei und wandern durch den Wald, bis wir wieder auf den Kreuzungspunkt **Hof Eck** (1130 m NHN) mit der gleichnamigen kleinen Hütte treffen.

50 m unterhalb verlassen wir den Westweg und steigen rechts steil in Richtung Präger Böden ab und kommen wieder an den Prägbach, den wir überqueren. Der Abstieg folgt nun dem Bachverlauf. An der Abzweigung **Oberes Prägbachtal** (980 m NHN) haben wir die Wahl: Entweder steigen wir rechts zur **Berggaststätte Präger Böden** (1050 m NHN) auf, genießen dort Aussicht und Bewirtung und kommen später wieder hierher zurück. Oder wir schlendern direkt von hier auf der kleinen Teerstraße zu unserem **Parkplatz** zurück.

| | |
|---|---|
| Ausgangspunkt: | Prägbachtal, 915 m NHN |
| Höhenmeter: | 660 m |
| Strecke: | 13,6 km |
| Zeitbedarf: | 4,5 h reine Gehzeit |

Einkehrmöglichkeit:
Berggasthaus Präger Böden, 04976/71999550

Tee zum Frühstück

Blick von Herrenschwand

Die schöne Nordostseite

Feuer und Eis auf dem Gipfel

# 15 Silberberg 1358,2 m – Der Wilde

„Der Name Silberberg kommt nicht von ungefähr"

Der Name Silberberg kommt nicht von ungefähr, wurde doch hier im Mittelalter und in einem zweiten Anlauf im 18. Jahrhundert, dieses Edelmetall in mehreren Bergwerksstollen abgebaut. Im 20. Jahrhundert galt dann noch ein weiteres Mal das Interesse dem Gangmineral Flußspat, das hauptsächlich als Flussmittel in der Eisenhüttenindustrie verwendet wird.

Von alledem ist nicht mehr viel zu sehen. Doch der Silberberg hat noch andere Qualitäten, vor allem für uns Wanderer. Der „Felsenpfad", der auf seiner Westseite entlang verläuft, ist sicher einer der interessantesten Wanderwege im Schwarzwald und erfordert Trittsicherheit. Man kann diesen Weg recht bequem vom Feldbergpass aus erreichen. Aber auch den Aufstieg von Brandenberg finde ich schön. Er wird selten begangen und bietet daher ein entsprechendes Naturerlebnis.

Auf den letzten Metern zum Gipfel

Die Südwestseite im oberen Prägbachtal

Silberberg vom Aufstieg zum Stübenwasen

## Die Wanderung

***Der Aufstieg:*** Vom Parkplatz, am Ortsausgang von Brandenberg links in Richtung Feldberg, überqueren wir die Straße und folgen dem Schild **„Rundweg Brandenberg".** Nach ca. 800 m gibt es ein Schild „Hirschen", das nach rechts unten zeigt. Hier steigen wir unbeschildert und steil nach links auf einem Wanderweg hinauf. Ein kurzes Stück später trifft man auf ein Holzschild, das den Weg zum Silberberg weist. Zuerst quert unser Weg etwas den Hang, bevor er sich in **Serpentinen** weiter bergauf zieht und uns zu einem Waldweg mit **Bank und schöner Aussicht** (1060m NHN) bringt. Der Weg führt uns dann weiter geradeaus den Wald hinauf bis zur **Silberberghütte**, bezeichnet mit **Mittlerer Silberberg** (1180 m NHN).

Weiter gehen wir vor der Hütte rechts und direkt danach wieder leicht links in Richtung Bernauer Kreuz, das wir jedoch nicht erreichen. Beim Aufstieg treffen wir auf einen Wanderweg mit blauer Raute. Diesem folgen wir stattdessen links weiter bergauf bis zur Kuppe. Hier kann man einen Abstecher auf den eigentlichen Gipfel machen, von dem man allerdings leider keine Aussicht hat und auf den man aus Tierschutzgründen lieber verzichten sollte.

Jetzt geht es auf einem der schönsten Wanderwege im Schwarzwald weiter: dem **Felsensteig.** Mit einer blauen Raute gekennzeichnet führt er uns zunächst auf eine Freifläche mit **großer Bank**, von wo wir eine schöne Aussicht zum Belchen und nach Todtnau hinab haben. Dies ist der höchste Punkt der Wanderung (1290 m NHN, ca. 1,5 h von Brandenberg).

***Der Abstieg:*** Ab hier hat der Weg einen leicht alpinen Charakter (Achtung bei Nässe). Wir begehen den Felsensteig nun durch den Wald, bis wir nach dem **Wolfsgrüble** die **Schläglebachhütte** (1256 m NHN) erreichen. Einige Bänke und eine Feuerstelle laden zum Rasten ein.

Von hier gehen wir den Weg ca. 50 m weiter, um dann auf dem Hauptweg links abzusteigen. Wir sind nun im Skigebiet Feldberg. Zuerst unterqueren wir den 2-er und kurz danach den 4-er Sessellift. Etwa 50 m nach dem Lift geht es erneut links. Wir folgen dem Schild „Leichte Umfahrung" (für die Skifahrer) in großen Serpentinen bis zur **Talstation** an der Hauptstraße. Diese versuchen wir unfallfrei zu überqueren. Ein kleines Holzschild zeigt uns nun den Weg parallel zur Straße zum Örtchen **Fahl**. In Fahl trifft man auf den Wiesentalwanderweg, auf dem wir dann wieder zurück zum Parkplatz nach **Brandenberg** gelangen.

| | |
|---|---|
| Ausgangspunkt: | Brandenberg, 835 m NHN |
| Höhenmeter: | 600 m |
| Strecke: | 12,5 km |
| Zeitbedarf: | 4,5 h reine Gehzeit |

Einkehrmöglichkeit:
Restaurant Zum Hirschen in Brandenberg, 07671/ 1844

Der Felsenweg

Silberberg vom Abstieg der Feldberg-Wanderung

Seebuck mit Turm und rechts der Silberberg im Abendlicht

# 16 Trubelmattskopf 1281,4 m – Der Idyllische

„vieles, das man hier entdecken kann"

Wirklich spektakuläre Dinge und Attraktionen üben auf jedermann einen Reiz aus, wir alle empfinden so. Der Trubelmattkopf ist da anders. Er drängt sich dem Besucher nicht auf, er hat aber vieles, das sich entdecken lässt.

Eine Landschaftsform, die mir im Schwarzwald besonders gut gefällt, sind die kleinen, etwas versteckten Täler. Am besten mit einem Bächlein in der Senke, das über Steine springt, beschattet von Laubgehölz. Wenn ich an so einem Bach entlanglaufe, bin ich immer gespannt, was mich wohl nach der nächsten Biegung oder dem nächsten Aufschwung erwartet. Weitet sich das Tal im oberen Bereich und hat es dort mehr Wiesen als Wald, stößt man nicht selten auf einen Weiler mit einem oder zwei Häusern.

Der kleine Spitzdobelbach hat solch ein Tal erschaffen. Er fließt von den Wiedener Weidbergen durch eine Bilderbuchlandschaft, bis er in den Wiedenbach mündet. Der beschriebene Aufstieg durch dieses Tal ist besonders im Sommer sehr angenehm.

Ein Stück weiter oben und auf der anderen Seite liegt das Trubelsbachtal, das besonders Pflanzenliebhaber begeistert.

Und es gibt am Trubelsmattkopf noch einen weiteren Lieblingsplatz von mir: eine kleine unbewaldete Kuppe, an der man beim Abstieg vorbeikommt, namens Hörnle.

Für mich drei gute Gründe hier unterwegs zu sein. Also Augen auf und neugierig sein.

Der Weiler Kellerhaus im Spitzdobeltal

Trubelsbachtal

# Die Wanderung

***Der Aufstieg:*** Vom Parkplatz in der Ortsmitte von **Wieden** gehen wir zunächst talwärts an der Kirche vorbei hinab nach **Wieden-Säge**. Hier müssen wir leider 50 m an der Straße entlang nach oben bis zur Haarnadelkurve. Jetzt folgen wir dem kleinen **Spitzdobelbach** und begleiten dabei ein kurzes Stück die **Kneipp-Runde** bis zur „Anwendung Wasserlaufen", was bei sonnigem Wetter eine erfrischende Angelegenheit ist. Weiter gehen wir geradeaus neben dem Bach bis zu einem Teerweg vor dem Dorf **Ungendwieden**. Wir biegen hier links ab, laufen bis zu einem Wanderparkplatz und folgen vor diesem rechts dem Schild „Muggenbrunn".

In sanftem Anstieg kommen wir zum **Mitteleck** (1085 m NHN) und schließlich zum **Gschwender Hölzle** (1142 m NHN). Dabei können wir uns der schönen Landschaft der Wiedener Weidberge erfreuen. Am Gschwender Hölzle angekommen, biegen wir links ab und werden dann von einer blauen Raute bis **Wasserbüttenen** (1169 m NHN) geleitet. Hier liegt die Wasserscheide zwischen Spitzdobel- und dem Trubelsbach. Wir kommen nun also ins schöne **Trubelsbachtal** und können die letzten Aufstiegsmeter auf einem schönen Wanderweg bis zum Schild **Trubelsmattkopf** (1210 m NHN) genießen.

Wundern Sie sich hier nicht, der eigentliche Gipfel versteckt sich 500 m weiter im Wald und kann nur weglos erreicht werden.

***Der Abstieg:*** Ab hier gehen wir auf dem Westweg, mit seiner roten Raute, bis zum Passübergang Wiedener Eck. Wir durchqueren auf dem Weg dorthin zunächst den **Glaskopfwald**, von wo aus man einen schönen Ausblick auf den Belchen und den Rollspitz hat, bevor wir außerhalb des Waldes **Auf den Böden** (1200 m NHN) eine kleine Schutzhütte erreichen.

Durch schöne Wiesen auf dem **Hundsrücken,** am schön geformten **Hörnle** vorbei, wandern wir weiter bergab zum Berghotel **Wiedener Eck** (1035 m NHN). Die Sonnenterrasse eignet sich gut, um nochmals eine Pause einzulegen, bevor die letzten steilen Abstiegsmeter unter die Sohlen genommen werden.

Am Wiedener Eck überqueren wir danach vorsichtig die Passstraße und steigen auf schönem Weg (blaue Raute) bis zum Parkplatz in **Wieden** ab.

| | |
|---|---|
| Ausgangspunkt: | Wieden, 840 m NHN |
| Höhenmeter: | 475 m |
| Strecke: | 15,9 km |
| Zeitbedarf: | 4,5 h reine Gehzeit |
| Einkehrmöglichkeit: | |
| Berghotel Wiedener Eck 07673/ 9090 | |

Spitzdobelbach

Trubelsbachtal

Das Hörnle beim Abstieg nach Wieden

# 17 Stübenwasen 1386 m – Der Abwechslungsreiche

Der Stübenwasen wirkt eher wie ein breiter langer Rücken als wie ein klassischer Berg. Das liegt sicher auch an seinem hohen Nachbarn, dem Feldberg. Steigt man von Todtnau aus auf, fühlt sich die Sache schon anders an, sind es doch immerhin etwas mehr als 700 Höhenmeter Anstieg.

Im Gegensatz zum vorher beschriebenen Berg gibt es am Stübenwasen Stellen, die auffallen, und da diese bequem von naheliegenden Parkplätzen aus erreichbar sind, sind sie auch entsprechend stark frequentiert. Daher genieße ich hier besonders den einsamen Anstieg durch den Wald, bevor es touristisch wird. Die Landschaft am Gipfel erinnert mich an den Norden Europas. Ich weiß nicht, ob es die Kargheit, der Nadelwald oder die Weite ist, es ist halt so. Die Aussicht nach Süden zum Belchen und zu den Alpen ist vor allem am Abend Extraklasse.

Der Abstieg wartet dann noch mit einem besonderen Schmankerl auf: dem Stübenbachfall. Sein Wasser stürzt über vier Stufen insgesamt 97 m in die Tiefe. Und das Beste daran ist, man kann diesen Fall auf einem schönen Wanderweg dabei begleiten.

„Wartet mit einem besonderen Schmankerl auf: dem Stübenbachfall"

Bedenklich stimmt mich, dass hier und oben am Radschert der touristische Ausbau vorangetrieben wird. Natur alleine ist nicht genug, das gilt wohl genauso in den Alpen wie auch hier. Werbesprüche wie „garantierter W-Lan-Empfang auf der geplanten Hängebrücke" rufen bei mir Kopfschütteln hervor.

Links der Mitte der Stübenwasen, rechts der vermeintlich höhere Tannenboden

Am Gipfel

# Die Wanderung

***Der Aufstieg:*** Los geht diese große Runde in der Stadtmitte von **Todtnau**. Am Rande des Marktplatzes bei der Kirche leitet ein Wanderschild mit blauer Raute uns zum **Kriegerdenkmal**. Von hier haben wir bereits nach 20 Minuten die erste schöne Aussicht. Mit der blauen Raute geht es weiter bergauf Richtung Spechtsboden. Zuerst erreichen wir den Punkt **Großer Rank** (1000 m NHN), gut eine Gehstunde vom Ort entfernt, dann den **Spechtsboden** (1070 m NHN) und etwas später die **Bergerhöhe** mit Blick auf Todtnauberg.

Hier geht es rechts weiter Richtung Kapelle/Radschert. Ein kurzer Abstecher zur **Fatima-Kapelle** lohnt sich. Dies ist auch ein schöner Punkt für eine weitere Rast (nach ca. 2 h vom Tal aus). Nach der Pause gehen wir wieder zurück auf den Hauptweg mit dem Namen **Hämmeleweg** und steigen weiter Richtung Stübenwasen auf. Wenn wir den Waldrand an der großen Wiese unterhalb des Stübenwasens erreicht haben, biegen wir rechts ab und folgen dem Schild Feldberg bis auf den Gipfel des **Stübenwasens** (1386 m NHN, nach 2:45 h Gehzeit vom Tal aus).

***Der Abstieg:*** Möchte man nicht direkt absteigen, kann man den Kammweg noch etwas weiter Richtung Westen gehen und im Berggasthaus Stübenwasen einkehren. Ansonsten beginnen wir an der **Längsten Bank der Welt** den Abstieg. An dieser gehen wir absteigend vorbei und weiter auf einem gemütlichen Weg mit Blick auf den Belchen bis zum **Radschert** (1050 m NHN). Ein kurzes Stück laufen wir am Rand der Fahrstraße nach **Todtnauberg** bis zur Kirche und dann bis zum Bachlauf hinab. Über eine kleine Brücke kommen wir auf die andere Seite des Stübenbachs und folgen diesem talwärts bis zum **Stübenbachfall**.

| | |
|---|---|
| Ausgangspunkt: | Todtnau, 650 m NHN |
| Höhenmeter: | 750 m |
| Strecke: | 17,2 km |
| Zeitbedarf: | 5,5 h reine Gehzeit |
| Einkehrmöglichkeit: Berggasthaus Stübenwasen, 07671/334 | |

Der Wanderweg an der Seite des Wasserfalls ist ein Erlebnis. Besonders, wenn man viel Wasser und trotzdem schönes Wetter hat. Am Fuß der letzten und mit 60 m höchsten Stufe zweigt links ein Wanderweg ab, der uns zurück nach **Todtnau** führt.

Stübenbachfall

Todtnauberg

Blick in den Süden

Blick zum Belchen

# 18 Feldberg 1493 m – Der Höchste

„Endpunkt und Anfang zugleich“

Im Buch sind wir der Wiese flussauf gefolgt und nun an ihrer Quelle angekommen. Ein Endpunkt, der ein Anfang ist.

Wer im Schwarzwald Urlaub macht, der besucht natürlich auch den Feldberg, Größe ist also doch entscheidend. Es ist allerdings nicht allein die Höhe, die diesen Berg groß erscheinen lässt, es ist auch sein weitläufiger Gipfelbereich. Er besteht aus vier Erhebungen, wobei der Feldberg mit 1493 m NHN zugleich der höchste Punkt aller deutschen Mittelgebirge ist. Seine „Nachbarn“, die gemeinsam das Feldbergmassiv bilden, heißen Mittelbuck (1472 m), Seebuck (1448,2 m) und Baldenwanger Buck (1460 m).

Das Wort „Buck“ ist dabei eine Kurzform von „Buckel“, der süddeutschen Bezeichnung für Hügel. Da haben wir es wieder: „Ein Berg ist nur so groß, wie er einem erscheint“. Dass ausgerechnet das höchste Bergmassiv in diesem Buch die Bezeichnung Hügel trägt, relativiert die Sicht der Dinge wieder.

Was es hier auf jeden Fall gibt, sind schöne Wanderwege. Ob von Norden mit dem eiszeitlichen Relikt „Feldsee“, von Westen über einen anspruchsvollen Weg durch einen Bannwald oder eben aus dem Süden, auf der Sonnenseite, wie hier im Buch beschrieben.

Auf die kleine Schlucht, durch die die junge Wiese hier vom Feldbergpass in die Tiefe fließt, bin ich recht spät aufmerksam geworden. Der auf der anderen Seite liegende Fahler Wasserfall am Rotenbach, den man ebenfalls beim Aufstieg anschauen kann, ist da deutlich bekannter. Umso überraschter war ich, hier einen so lohnenswerten Abschnitt vorzufinden. Einem weiteren Quellfluss der Wiese begegnet man beim Abstieg. Die Rote Wiese entspringt an der Ostseite des Stübenberges und fließt bei Brandenberg in die Wiese.

Feldberg mit Wetterstation

Annäherung von Westen

## Die Wanderung

***Der Aufstieg:*** Vom Parkplatz linkerhand am Ortsausgang **Brandenberg** in Richtung Feldberg (derselbe Ausgangspunkt wie bei der Wanderung zum Silberberg), gehen wir über eine kleine Brücke über die **Wiese** und noch 100 m weiter. Dann geht es rechts auf dem **Feldbergpfad** zum **Fahler Wasserfall** (934 m NHN, ca. 45 Min). Ein Abstecher nach oben, um diesen anzusehen, lohnt sich auf jeden Fall.

Wir gehen auf dem **Hebelweg** weiter und kommen oberhalb der ehemaligen Kaserne zur Bundesstraße, die wir überqueren. Jetzt taucht man in den Schatten einer kleinen **Schlucht** ein, welche die junge Wiese vom Feldbergpass aus gegraben hat. Auf schönem Weg steigen wir zum **Feldberger Hof** auf (1230 m NHN, 1 h vom Wasserfall). Jetzt gehen wir über die Passstraße, an der Jugendherberge vorbei, links am Wald entlang und kurz danach rechts in den Wald Richtung Seebuck. Dem Wanderweg folgen wir bis zu einem Teerweg, gehen dann auf diesem rechts auf einem herrlichen Panoramaweg weiter, bis uns ein Wanderweg links zum **Seebuck mit Aussichtsturm und Bismarckdenkmal** führt (1448 m NHN). Mit Blick zur Wetterstation Friedrich-Luise-Turm geht es in einer guten halben Stunde schließlich zum **Feldberggipfel** (1493 m NHN). Wir haben den höchsten Punkt des Schwarzwaldes und aller Touren in diesem Buch erreicht.

***Der Abstieg:*** Vom Gipfel steigen wir nach Süden bergab zur bewirtschafteten **Wilhelmer Hütte**. Eine Rast bei den netten Wirtsleuten ist zu empfehlen. Dann wandern wir weiter bergab bis zu einem Übergang Richtung Stübenwasen. Hier geht es links ab (Schild „Todtnau“, blaue Raute). Diesen spazieren wir fast eben entlang, bis ein Schild den Weg links nach Brandenberg anzeigt. Wir gehen den Waldweg bergab, bis wir eine Spitzkehre mit Bank erreichen. Hier biegen wir rechts in Richtung Todtnau ab.

Wenn wir aus dem Wald herauskommen, geht es durch einen herrlichen Wiesenhang mit Blick auf den Silberberg in großen Kehren weiter hinab. Am kleinen Bachlauf der **Roten Wiese** angekommen, gehen wir – diesem folgend – links steil talwärts bis zum nächsten Forstweg. Hier gehen wir ein paar Schritte nach links und gleich darauf wieder rechts. Wir überqueren wieder den Bachlauf und kommen durch eine Ziegenweide zurück zum Parkplatz in **Brandenberg**. Eine weitere tolle Wanderung, die letzte in diesem Buch, ist beendet.

| | |
|---|---|
| Ausgangspunkt: | Brandenberg, 835 m NHN |
| Höhenmeter: | 720 m |
| Strecke: | 17,2 km |
| Zeitbedarf: | 6,0 h reine Gehzeit |

Einkehrmöglichkeit:
Wilhelmer Hütte 07676/ 342

Feldberg vom Fahler Skihang

Die Nordseite; unterhalb der Felsen liegt der Feldsee

Blick vom Gisiboden

Hinterm Horizont geht's weiter: Blick vom Feldberg nach Norden

# Ausstieg

Berge des Wiesentals, so habe ich mein „Projekt“ genannt. Eine Aufgabe direkt vor meiner Haustür. Es gibt sicher spektakulärere Naturkulissen und durch Film, Fernsehen und Printmedien bekommt man diese entweder frei Haus geliefert oder fliegt gleich billig selber hin. Doch ich kann sagen: Der Schwarzwald ist schön und hat durchaus seine Qualitäten. Ich hoffe, dass ich Ihnen dies mit meinen Fotografien und Texten zeigen konnte.

Ein Gebiet wirklich zu kennen, selbst wenn es so klein wie das obere Wiesental ist, benötigt Zeit. In einem Urlaub lässt sich das nicht erreichen. Dort beschränkt man sich meist nur auf die Hotspots und die überregional bekannten Standorte. Die Fotografien und Wandervorschläge entstanden über einen Zeitraum von knapp drei Jahren, während derer ich viele Stunden in der freien Natur dieser Landschaft verbrachte. Keine dieser Stunden war für mich vergeudet. Auch wenn sie oft kein konkretes Ergebnis für dieses Buch brachten, ich gefroren habe oder nass wurde, so hatte ich dabei jedoch immer das Gefühl, am richtigen Platz gewesen zu sein.

# Impressum



| | |
|---|---|
| Fotografien und Texte | Wolfgang Lechler; www.wl-fotografie.de |
| Titel | Berge im Wiesental |
| Untertitel | Wanderberge im südlichen Schwarzwald |
| Titelbild | Gaisbühl an der Hohen Möhr |
| Übersichtskarte | OpenTopoMap |
| Herstellung | verlag regionalkultur |
| Layout und Satz | Andrea Sitzler (vr) |

ISBN 978-3-95505-296-6

Bibliografische Information der Deutschen Bibliothek:
Die Deutsche Bibliothek verzeichnet diese Publikation in der Deutschen Nationalbibliografie; detaillierte bibliografische Daten sind im Internet über http://dnb.ddb.de abrufbar.

Diese Publikation ist auf alterungsbeständigem und säurefreiem Papier (TCF nach ISO 9706) gedruckt entsprechend den Frankfurter Forderungen.

**verlag regionalkultur**
Ubstadt-Weiher • Heidelberg • Speyer • Stuttgart • Basel

Verlag Regionalkultur GmbH & Co. KG:
Bahnhofstraße 2 • D-76698 Ubstadt-Weiher
Tel 07251 36703-0 • Fax 07251 36703-29
E-Mail kontakt@verlag-regionalkultur.de • www.verlag-regionalkultur.de